I0832568

LE PRÊTRE ET LA DANSEUSE.

roman de mœurs.

Tome Deuxième.

Lecointe et Pougin, quai des Augustins;
Corbet, même quai;
Lachapelle, rue Saint-Jacques;
Pigoreau, place Saint-Germain-l'Auxerrois;
Thoisnier-Desplaces, place de l'Abbaye;
Masson et Yonet, rue Hautefeuille;
Olivier, rue Saint-André-des-Arts.

1833

LE PRÊTRE

ET LA

DANSEUSE.

IMPRIMERIE DE A. BARBIER.
rue des Marais-Saint-Germain, n. 17.

LE PRÊTRE

ET LA

DANSEUSE.

roman de mœurs.

Tome Deuxième.

Lecointe et Pougin, quai des Augustins;
Corbet, même quai ;
Lachapelle, rue Saint-Jacques;
Pigoreau, place Saint-Germain-l'Auxerrois;
Thoinier-Desplaces, place de l'Abbaye;
Masson et Yonet, rue Hautefeuille;
Olivier, rue Saint-André-des-Arts.

1833

LE PRETRE

ET LA

DANSEUSE.

I.

Duroseau accepta tout : il fut convenu d'attendre le retour de l'époux et de l'ami ; la présence de ce dernier nous inquiétait un peu, mon frère fit des questions sur lui, et nous fûmes rassurés en apprenant que c'était un valet paysan, sans doute aussi simple que les maîtres de la maison.

Le mari rentra, il n'avait pas trouvé le directeur au théâtre parce qu'il venait d'être forcé de se rendre à l'invitation que M. le Maire venait de lui envoyer de se présenter chez lui; il rapportait donc la lettre en nous faisant la même offre que sa femme de coucher chez lui, et de refaire la commission le lendemain matin. L'heure s'avançait et l'ami n'arrivait pas, on prit le parti de se mettre à table. Les places d'honneur nous furent offertes et acceptées. Duro eau en mangeant ne cessait de parler, il entretenait nos hôtes, de sa richesse, de ses terres de ses esclaves, et offrit à ces bonnes gens de les emmener en Asie, lorsque nous y retournerions et de les faires intendant de ses forêts.

Le mari et la femme écoutaient en silence et d'un air ébahi les beaux récits et les belles promesses qu'il s'entendaient faire, acceptaient l'intendance et versaient le vin à plein verre. Nous étions presqu'à la fin du souper lorsqu'on frappa rudement à la porte.

— Ah! voilà Georges enfin, s'écrie la femme en se levant pour aller ouvrir.

Ce nom nous fait pâlir d'effroi, mais, sans perdre la tête, j'arrête la femme et lui fait part que décidément, nous désirons ne pas nous trouver avec d'autres qu'avec eux ; Duroseau assure que notre rang et notre religion défendent de prodiguer notre présence, et l'engage à prévenir ce Georges d'attendre le tems que nous allons mettre à nous rendre dans notre chambre. La voix de l'homme qui appelle et frappe, achève de nous convaincre que c'est bien le domestique de notre oncle. Duroseau réitère sa demande de ne pas lui ouvrir que nous ne soyons partis, où sans cela, pas d'intendance de forêt ; le mari ne demande pas mieux que d'obéir à Monseigneur, envoie sa femme prévenir Georges à travers la porte qu'il faut qu'il attende que son mari revienne pour lui ouvrir parce qu'il l'a enfermée par mégarde.

Georges jure de ce contre-tems; aussitôt, nous sommes conduits avec cérémonie dans la plus belle chambre de la maison et invité à frapper du pied sur le carreau si nous avons besoin de quelque chose.

— Mon ami, dit Duroseau au mari qui se retirait à reculons afin de nous prolonger ses salutations à l'infinie, comme nous craignons de blesser votre M. Georges, s'il apprenait que nous évitions sa présence, je vous prie de ne pas lui parler de nous, allez mon ami, bonne nuit.

Il est parti et court ouvrir la porte à Georges. Nous ouvrons la nôtre de même avec précaution, nous nous glissons doucement sur l'escalier afin d'entendre ce qui va se passer en bas et de connaître ce que nous devons craindre ; utile précaution, car Georges à peine entré, raconte qu'il a découvert sur ses déserteurs, ainsi que ce qui c'est passé au théâtre ; enfin il parle tant et nous dépeint si bien, que nos bonnes gens finissent par nous reconnaître pour ce que nous sommes en effet ; et eux, pour avoir été nos dupes, les traîtres nous vendent, et livrent à Georges la lettre que nous écrivions au directeur et qu'ils avaient gardé pour le lendemain. Plus de doute, c'est nous, il a lu, reconnu notre écriture, il nous tient, nous redoublons d'attentention et saisissons le fil du complot : on devait nous laisser dormir jusqu'au matin après nous avoir enfermé, et le lendemain, Georges et notre hôte, s'emparer de nous, et nous plaçant dans sa voiture, nous conduire devant notre oncle et notre juge.

Nous en avions assez entendu et regagnons notre chambre, dans laquelle nous nous enfermons à double tour. Qu'allons-nous devenir ? comment fuir ? à quoi ne devons-nous pas nous attendre si nous retombons dans les mains de notre oncle ? nous nous désolions et parcourions la chambre à grands pas ; une valise frappe nos yeux, nos regards se fixent sur l'adresse qu'elle porte ; c'est la valise de Georges. Duroseau l'ouvre et fait de suite la visite de ce qu'elle contient : ce sont les habits rapés du vieux tigre, son linge. Oh ! bonheur, sa bourse avec son argent; à cette découverte, l'espoir renait dans notre âme, mon frère court à la fenêtre, elle n'est point élevée; il fait noir et personne dans la rue; aussitôt nous quittons le turban, le doliman, les voiles, enfin nos habits de clinquant, et nous nous affublons de notre mieux avec ceux de Georges, sans calculer qu'il sont deux fois trop long pour nous. Duroseau vide la bourse sur la table, s'empare de la moitié de l'argent qu'il fourre dans ses poches, ensuite, prenant un drap du lit, il l'attache à la fenêtre, me passe l'autre autour du corps et me descend ainsi jusque dans la rue, puis se laisse glisser à son tour, et nous trouvant tous deux sain et sauf sur le pavé, nous nous sauvons de toute la vitesse de nos jambes, et gagnons la campagne nous dirigeant au hasard à travers champs.

Nous trouvant au milieu des vignes, persuadés de ne pas avoir été suivis, nous nous assîmes sur la terre résolus d'attendre le jour dans cette position.

C'était au mois de septembre, le raisin commençait à mûrir, en m'adossant sur un échalat, je sentis le froid d'une grappe rouler sur ma figure. J'y portai la main et bientôt mon gosier ainsi que celui de mon frère s'humectèrent du doux jus de la vigne.

Durosean alléché par sa bonté, se faufile de pied en pied, tâtant du haut en bas des ceps afin de découvrir les plus grosses grappes et les plus mûres, lorsque notre rafraîchissante purgation fut interrompu par le bruit d'un coup de fusil tiré à peu de distance de nous, ainsi que par es cris, les imprécations d'un homme que nous entendions se diriger vers notre côté. La peur s'empare de nous ; la crainte d'être arrêtés ranime nos forces ; l'obscurité nous protége et bientôt en nous traînant à quatre pates, nous sortons de la vigne, gagnons le bord du chemin et nous sauvons au plus vite.

Nous étant arrêtés à la distance d'un quart de lieue et regardant mon frère, je fus surprise de lui voir faire mille grimaces en portant les mains à son derrière. Je lui demandai la cause de ces contorsions. Le pauvre garçon m'apprit qu'il avait reçu la charge du fusil dans le centre de gravité ; le sang lui coulait le long des cuisses. La frayeur et la course lui avaient empêché de sentir d'abord son mal, mais étant inactif en ce moment il éprouvait une cuisson épouvantable causée par la quantité de petit plomb qui avaient criblé son malheureux postérieur.

Si la première femme perdit l'homme par sa gourmandise, j'avais en cet instant un grand rapport avec elle, mon péché ressemblant au sien : elle avait tenté son mari en lui présentant une pomme, moi c'était en lui présentant du raisin, que je venais d'en donner le goût à mon frère et de lui valoir une fâcheuse correction.

Le sang que perdait Duroseau, m'inquiétait beaucoup. Il s'était assis et refusait de se relever afin de m'aider à trouver un endroit où nous puissions lui procurer du secours. Je me hasardai à chercher seule et le laissai étendu sur le gazon.

Le hasard me servit beaucoup mieux que je ne l'avais espéré, car, à une petite distance de là, j'apperçus une chaumière à la porte de laquelle je m'empressais de frapper; personne ne répondait, je recommençai de plus bel, en joignant les coups de pied aux coups de poing. Mais quel fut mon étonnement en sentant la porte céder sous mes efforts et se renverser en dedans. Je restai fort surprise, ne voyant aucune lumière et n'entendant aucun bruit dans l'intérieur, j'hésitai à savoir si je devais continuer d'appeler ou me sauver rejoindre mon blessé.

Sa douloureuse position se présenta plus vivement à ma pensée; bravant la crainte que je ressentais en voyant les ténèbres qui régnaient dans la chaumière, je repris courage et élevant la voix au-dedans, j'appelais quelqu'un de toutes mes forces. Personne ne répondait; impatientée, j'avance un pied, puis l'autre ; insensiblement, sans le vouloir et sans ne le vouloir pas, je me trouve au milieu de la maison et vais me heurter dans une table.

Alors, imitant les aveugles, je mis

mes yeux au bout de mes doigts et fis à tâtons le tour de la pièce dans laquelle je me trouvais. Je rencontrai sous mes mains tout l'attirail d'un ménage de paysan, ensuite un lit; je m'assurais légèrement s'il n'était pas occupé... personne. Décidément j'étais maîtresse de la maison, il me vint l'idée de tâcher de découvrir le briquet et réussis au gré de mes vœux; bientôt j'eus allumé une chandelle que je cachai dans la cheminée; je m'emparai d'une tasse que je remplis d'eau, de sel et me rendis après avoir à peu près remis la porte, auprès de mon frère que je trouvai ronflant de son mienx à la même place...

— Allons, réveille-toi, lui dis-je, voilà de quoi te bassiner; ensuite, si tu peux marcher je te conduirai ici près dans une maison de laquelle je viens de faire la conquête.

Duroseau se rendit à mon avis. Après avoir rafraîchi la partie malade, il se mit doucement en marche appuyé sur mon bras.

Nous étions arrivés à la chaumière. Mais quel fut mon étonnement lorsque près d'y entrer, nous apperçumes la porte dérangée et un homme armé d'un fusil faisant la perquisition tout autour de la pièce. Il nous aperçut, vint aussitôt à nous en armant son fusil et en dirigeant le canon sur nous.

— Arrêtez, lui criai-je aussitôt, nous ne sommes point des malfaiteurs, mais des voyageurs égarés dont un est blessé et réclame de vous l'hospitalité jusqu'au jour.

L'homme s'approcha de nous, après nous avoir examiné du haut en bas, il baissa son arme et nous engagea à entrer. Il était le propriétaire du lieu ; à son costume, ainsi qu'au ceinturon qu'il portait en bandouillère, je reconnus qu'il était garde-champêtre.

— D'où venez-vous à cette heure, nous demanda-t-il, qui êtes-vous ?

— Des comédiens allant rejoindre leur troupe qui les a devancé, lui répondis-je, et disposés à payer l'hospitalité que vous voulez bien leur accorder.

Le garde, en m'écoutant, lançait sur moi des regards perçans, ensuite sans autre question, il nous pria d'un ton radouci de l'aider à préparer de quoi manger, puis s'informa de la sorte de blessure qui occasionnait de si vilaines grimaces à mon frère.

Duroseau répondit qu'en cheminant sur route, il était tombé sur un tas de cailloux aigus qui lui avaient fait plusieurs trous dans le derrière, desquels il souffrait horriblement.

Le garde l'engagea à manger un morceau et à se reposer après, sur un lit dressé dans la pièce voisine. Duroseau tombant de fatigues et de sommeil ne se fit pas prier, mangea très peu et fut se jeter sur le lit en m'engageant à le suivre.

—Restez un instant, mon camarade, me dit le garde en fermant la pièce où s'était retiré mon frère, vous qui n'êtes pas blessé, vous ne refuserez pas sans doute de me tenir compagnie pour vider une vieille bouteille que je conserve depuis long-tems pour une bonne occasion. Je fus extrêmement contrarié de cet invitation, les regards que cet homme ne cessait de me jeter commençaient à m'inquiéter je craignais qu'il n'eut reconnut mon sexe malgrès les habits que je portais. Cependant, n'osant refuser dans la crainte de mécontenter un homme qui annonçait être grossier et brutal, j'acceptai sa proposition et me plaçai près du feu avec lui; bientôt il eut vidé la bouteille en question, sans que je ne lui en fasse tort quoiqu'il m'engagea à boire avec lui, la première vidée ; il en déboucha une autre, ensuite une troisième, ses yeux s'animaient, autant que sa langue s'épaisissait malgré son babil infatigable ; ne pouvant plus résister au sommeil, je m'y laissai aller malgré moi, lorsque la pression d'un fort baiser appuyé sur mes lèvres me tira de mon assoupissement. Quel fut mon effroi en ouvrant les yeux de me voir pressé dans les bras du garde; je fais aussitôt tous les efforts possibles pour m'échapper et esquiver les dégoûtantes caresses de cet ivrogne, mais c'est en vain que j'y emploie toutes mes forces en y joignant les plus humbles supplications.

Enfin, désespérée, outrée de ces horribles et brutales, caresses, j'appelle mon frère à mon secours, il se réveille, mais c'est en vain qu'il veut ouvrir la porte; le garde l'a fermé à double tour; Duroseau furieux frappe à coups redoublés pour l'enfoncer. Enfin, abimé de fatigue, j'allais succomber aux infâmes désirs de ce brutal, lorsque j'aperçois son fusil dans un coin de la chambre; alors, réunissant toutes mes forces je parviens à me débarrasser de ses bras, courant au fusil je m'en empare et couche en joue le misérable que la secouse qu'il venait de recevoir avait fait rouler sur la terre, il veut se relever mais je le préviens que s'il bouge, je le tue.

A ces mots, il reste stupéfait; sans cesser de le tenir en respect je cours ouvrir à Duroseau, lui repasse lè fusil que je remplace dans mes mains par le sabre de notre ivrogne.

— Scélérat, lui dit mon frère, vous, mériteriez que nous usions de l'avantage que nous avons en ce moment sur vous, votre conduite est indigne et prouve que vous n'avez aucune connaissance de l'hospitalité des anciens, sans cela vous auriez respecté vos hôtes.

—Plus que je ne n'ai respecté votre postérieur, n'est-il pas vrai, mais cela vous apprendra à venir vendanger dans les vignes d'autrui, répond le garde d'un ton ironique.

— Misérable, reprend Duroseau, rend grâce à ma bonté, car si je n'écoutais que mon ressentiment, cette arme vengerait à l'instant la double insulte que j'ai reçu de toi... Nous allons nous éloigner, entre dans cette chambre où je vais t'enfermer, et pense, qu'un seul cri, un seul mot, échappés de ta bouche, sera pour nous le signal de la vengeance

Le garde, un peu dégrisé par sa chute et la scène qui se passait en ce moment, voulut faire le récalcitrant et badiner avec nos menaces, mais s'appercevant enfin de a manière avec laquelle nous réitérâmes notre ordre, que nous étions disposés à exécuter ce dont nous le menaçions, il se releva et entra dans la chambre en poussant la porte sur lui avec vivacité. Mon frère courut la fermer à double tour, et persuadé qu'il ne pouvait échapper puisque cette chambre n'avait ni fenêtre ni autres issue que la porte; nous jetâmes son fusil et son sabre dans un coin et nous nous sauvâmes à toutes jambes, faisant mille détours à travers les prés et les vignes.

Enfin, cette nuit si aventureuse, si fatigante pour nous, commençait à s'effacer et faire place à l'aurore; déjà nous voyons assez claire pour nous conduire et distinguer les objets, ce qui nous facilita pour regagner la grand'route, que nous trouvâmes à l'entrée d'un gros bourg. La première de ses maisons, par son enseigne, nous indiqua une auberge; mourant de fatigues, nous nous hatâmes d'y entrer et de demander une chambre à deux lits; l'aubergiste nous toisa de la tête aux pieds en branlant de la tête ; je m'apperçus que notre mise burlesque ne lui donnait pas grande opinion de notre bourse ainsi que de nos personnes; je m'empressais aussitôt d'arrêter le refus sur ses lèvres, en lui faisant entendre que notre intention était de le payer d'avance; alors, je vis sa physionomie se dérider et devenir presque radieuse , sa bouche s'ouvrit pour nous offrir toute sa maison et ses très humbles services; nous le remerçiâmes, et voulant de suite nous retirer, il nous fit conduire dans une chambre où nous trouvâmes denx bons lits dans lesquels nous nous étendîmes aussitôt.

Il était nuit lorsque nous nous réveillâmes. La faim se faisait sentir je me levai la première et descendit demander qu'on nous servit à souper, Duroseau s'informa à la fille qui nous servait, à combien nous étions de Dijon ; elle nous répondit trois lieues.

— Pourriez-vous, lui dis-je, nous procurer quelqu'un qui voulut y porter une lettre demain matin ; après sa réponse affirmative*, mon frère écrivit à notre directeur, l'informant de l'endroit où nous trouvions et que ne voulant pas retourner à Dijon, qu'il eut à nous dire ce que nous devions faire en attendant qu'il quitta cette ville : de plus, de nous envoyer par le même courier, des habits de mon sexe. Nous remîmes cette lettre à la servante qui nous promit de partir au petit jour et serait de bonue heure à Dijon ; après cela, n'ayant rien de mieux à faire nous nous recouchâmes de nouveau.

Le lendemain, après avoir déjeûné, n'osant nous montrer dans le bourg à cause de notre triste toilette, nous étions tous deux à la fenêtre, lorsque nous apperçûmes plusieurs voitures et des bagages s'arrêter à la porte de l'auberge ; un cri de joie et de surprise s'échappa de notre bouche en reconnaissant notre directeur et nos camarades dans les gens qui en desoendirent; nous courons à eux et sommes reçus avec la plus franche cordialité, quoique notre accoutrement excita les rires de toute la bande. Notre directeur forcé de quitter la ville aussitôt d'après l'ordre du maire et l'aventure dont nous étions la cause, avait reçu notre lettre en sortant de la ville. Joyeux de retrouver ses deux premiers sujets il avait fait presser la marche afin de nous rejoindre le plutôt possible dans la crainte que quelqu'autre accident ne nous fit disparaître encore une fois.

Nous quittâmes l'auberge après que toute la troupe se fut reposé une couple d'heures, et nous nous dirigeâmes vers Auxerre, ville dans laquelle nous comptions faire un long séjour et d'amples recettes.

En effet, le théâtre de la ville se trouvait vacant à notre arrivée; nous le louâmes pour la durée du tems que nous pensions rester à Auxerre, nous ne fûmes plus alors regardés comme des histrions ambulans ; nous avions notre salle, notre orchestre, enfin une administration en règle; des recettes assez bonnes et par la suite, les moyens d'embellir la garde-robe et d'engager plusieurs sujets qui venaient de Paris.

Je serais une ingrate si je ne gardais de la reconnaissance pour le souvenir de notre directeur; cet homme qui n'était pas né pour l'état qu'il exerçait en ce moment, m'avais pris en amitié, et veillait sur moi comme un père ; ce fut à lui que je dus d'échapper aux pièges que me tendaient sans cesse une foule de jeunes gens que ma figure et mon état attiraient sur mes pas, dans l'espoir de trouver en moi une conquête facile.

M. Guérin, notre directeur, m'avait donné un maître de danse, afin de perfectionner en moi un art pour lequel il jugeait que j'avais le physique et les dispositions; je ne trompai pas son attente, car ou bout de quelque tems, mes pas et mes grâces attiraient chaque soir une foule nombreuse.

Nous étions contens et heureux de notre sort, depuis près de deux ans que nous habitions Auxerre, lorsqu'une aventure arrivée à Duroseau vint un instant troubler notre tranquillité, et prouver combien mon cher frère était malheureux en amour.

Amateurs de la campagne, il avait pris l'habitude de se rendre chaque matin pour déjeûner à une petite ferme hors la ville, et même dîner les jours que le théâtre donnait relâche. Tout en avalant les œufs frais de la fermière, mon cher frère avait en même tems sucé le poison de l'amour, c'est-à-dire qu'il s'était épris de belle passion pour la jeune fille de la maison, qui paraissait sensible aux hommages de Duroseau ainsi qu'aux billets de spectacle qu'il lui offrait de tems à autre.

Dans la même ferme se rendait chaque jour un jeune officier en garnison dans la ville; ce jeune homme se trouvant avec mon frère, avait fait connaissance avec lui. Duroseau n'avait pu se défendre d'un instant de jalousie en voyant cet officier se fixer à la ferme, mais après avoir épié sa conduite envers Jeannette, la fille du fermier, il était revenu de son injuste prévention, et avait conçu pour l'officier une vive amitié de laquelle il fut loin d'être payé de retour.

Mon frère a un cœur excellent, malheureusement la nature ne l'a pas doué d'un grand esprit, mais en revanche elle l'a pourvu d'un excessif amour-propre, et d'un babil infatigable; aussi devint-il, sans s'en apercevoir, le plastron de tous les mauvais mots, ainsi que des mauvaises plaisanteries des amis de l'officier, lorsque ces messieurs s'assemblaient à la ferme pour y dîner ensemble.

Un jour, Duroseau essuya de leur part, et surtout devant l'objet de sa flamme, une mystification tellement forte que n'étant pas assez brave pour en demander raison, il se brouilla avec eux et ne se rendit plus à la ferme qu'aux heures où il était persuadé de ne pas les y trouver.

Sur cette entrefaite le carnaval arriva ; nous donnions un bal au théâtre, il prit envie à mon frère de se déguiser en femme, son physique et le peu de grandeur de sa taille se prêtaient à ravir à ce déguisement, aussi mes camarades et moi, nous prêtâmes-nous à perfectionner sa toilette ; nous réussîmes si bien, que l'illusion fût complète, le rouge et les mouches dont il avait couvert son visage, ajoutaient à le rendre méconnaissable ; à minuit le bal s'ouvrit et la paysanne coquette de notre fabrique, fit son entrée dans la salle.

Duroseau modérant ses pas, prenant en tout les manières féminines, attirait sur ses traces la jeunesse galante; se voyant harcelé de tous côtés mourant de chaleur et de soif, quitta la salle pour se rendre au vestiaire, un jeune homme l'avait suivi; enhardi par l'isolement, il s'approche de la paysanne en lui débitant mille fadeurs, en l'assurant de l'émotion, du tendre sentiment qu'il ressent auprès d'elle. Quel bonheur pour Duroseau! il a reconnu son ancien ami l'officier et se promet de profiter de l'occasion pour se venger de l'insulte qu'il a reçu; alors, levant sur le soupirant un œil tendre et agaçant, il répond à sa déclaration par des mots capables de l'encourager dans ses avances. Duroseau afin d'étancher sa soif, se rend au buffet accompagné de l'officier,

Celui-ci s'empresse d'offrir des glaces à la belle, dont la cruauté n'allait pas jusqu'à refuser cettte galanterie. Le jeune homme était enchanté de sa conquête de laquelle le cœur s'humanisait à mesure qu'il bourrait son estomac de sucreries et autres gourmandises ; l'heureux officier possesseur du bras de la belle, la promenait d'un air triomphant dans toutes les parties de la salle, épuisant pour la séduire, et son éloquence et sa bourse.

La nuit s'avançait, le bal tirait à sa fin, lorsque notre jeune amoureux désirant presser sur son cœur les charmes de sa dulcinée, lui offrit de faire une valse avec lui. Mon frère accepte ; ils volent, courent, renversent dans la rapidité de leur course tous ceux qui se rencontrent sur leur passage; les jambes de Duroseau s'embarrassent dans celles d'un garçon limonadier qui portait à une société un plateau chargé de glaces, de gateaux et de verrerie; mon frère perd l'équilibre, entraîne l'officier dans sa chute et roule avec lui sur le corps de l'infortuné garçon étendu sur le parquet au milieu des raffraîchissemens et des verreries en éclat.

Le valseur étant tombé sur la valseuse fut le premier relevé, en se hâtant de donner la main à sa belle, qu'elle fut sa surprise en apercevant sous les jupes relevées de sa conquête une culotte, et pour comble de honte, d'entendre Duroseau furieux de sa chute et oubliant son rôle, jurer avec sa voix naturelle après le malencontreux limonadier. C'en est fait de l'amoureux; ses amis l'entourent, reconnaissent mon frère, ils ont été témoins de la méprise et des soins dont il l'a entouré toute la nuit, l'officier est hué, les ris, les quolibets pleuvent en masse sur le malheureux jeune homme.

L'officier mystifié, se fâche et demande raison à mon frère; ce dernier refuse de se battre pour une plaisanterie ordinaire dans un bal masqué. Duroseau ayant les rieurs de son côté est approuvé, soutenu, l'officier honteux, furieux, sort de la salle en jurant de se venger de l'affront qu'il vient d'essuyer.

L'occasion ne se fit pas attendr e Notre officier épia Duroseau et la fill e du fermier, et s'étant convaincu que l'amour de mon frère ne s'était pas refroidi malgré les rigueurs de la belle envers son fidèle amant, il profita d'un couple de jour que Duroseau n'était pas venu à la ferme et et n'avait vu Jeannette, pour; de concert avec un de ses amis, écrire à mon frère sous le nom de sa maîtresse et lui donner un rendez-vous à onze heures du soir. Jeannette promettait dans la lettre de se rendre aux désirs de son amant et consentait à le recevoir une nuit dans sa chambre, mais que pour y pénétrer qu'Il fallait qu'il se mit dans un grand panier qu'elle devait attacher à la corde de la poulie du grenier et qu'au moyens d'un contre-poids elle répondait de faire monter jusqu'à la fenêtre de sa chambre.

Duroseau n'avait jamais vu l'écriture de sa maîtresse, par la raison que la chère fille ne savait pas écrire, mais son amant l'ignorait et prit pour sérieux le contenu de la lettre. A l'heure dite il se hâte de gagner la ferme, il accourt porté par les aîles du zéphir, crotté jusqu'à l'échigne, mouillé jusqu'aux os par la pluie qui tombe à grands flots; en effet le panier est à terre, il l'attend, tout dort dans la ferme hors sa bien aimée.

Afin d'avertir la beauté qui s'humanise, qu'il est au rendez-vous, Duroseau tousse à demi-voix. On lui répond d'en haut, c'est le signal, l'amoureux se place dans le panier assez grand pour en contenir deux de son calibre, et l'ascension commence: mais quel fâcheux contre-tems, à peine le panier a-t-il atteint la moitié de sa course qu'il cesse de monter et commence un balancement de droite et de gauche duquel mon frère se trouve fort mal à son aise et auquel il lui est impossible d'échapper; c'est en vain qu'il tousse, appelle, donne à la corde de rudes secousses, le panier n'en resta pas moins à la même hauteur. Duroseau ne sait à quoi attribuer cette stabilité; il ne devine point qu'il est la dupe de sa trop grande crédulité, lorsque des éclats de rire partant du grenier, viennent frapper son oreille; l'infortuné pris au piège, sot comme sa voiture aérienne, n'osant faire éclater sa colère à haute voix, dans la crainte d'attirer le père de sa perfide ou d'autres témoins de sa honte, mesure de l'œil l'espace qui le sépare de la terre. Il est énorme, et ne peut être franchi à moins de se casser le cou; plus d'espoir, il faut se résigner.

Cependant la pluie ne cesse de tomber, il fait un froid affreux, quelle cruelle position ! et quel en sera le résultat? lorsque le jour venant éclairer l'univers, montrera aux allant et venant cet oiseau de nouvelle espèce.

Ce moment si redouté n'arriva que trop tôt.

Le premier qui apperçut le pauvre Duroseau, ne sachant ce que voulait dire un homme ainsi suspenu, et le prenant pour un voleur, se mit à crier au secours; les habitans de la ferme accoururent à ses cris, e fermier s'était armé de son fusil et s'apprêtait à le lâcher sur l'amant de sa fille, lorsque Duroseau, qui s'était blotti dans le fond de son panier, s'apercevant du danger qui le menaçait, s'empressa de se redresser et de se faire reconnaître; on court au grenier, mais la porte en est fermée et la clef absente; comment faire? enfoncera-t-on la porte? il faut le consentement du fermier, celui-ci refuse; pendant le tems que l'on discute, comment on descendra le panier et son locataire, arriva l'officier et ses amis.

Vous devez penser, ma chère Léontine, combien mon infortuné frère fut baffoué, on exigea de lui des excuses sur la plaisanterie du bal, ensuite-il fut délivré de sa ridicule captivité, le fermier lui intima l'ordre de ne plus se présenter chez lui sous peine de corection plus touchante. Mon frère honteux revint chez lui se mettre au lit et n'osa plus se montrer dans la ville où sa triste aventure devint le sujet général des conversations et des plaisanteries.

Quelques jours après cette triste aventure notre troupe quitta Auxerre et se rendit à Joigny, nous étions fixés dans cette ville depuis plusieurs jours lorsqu'un soir, après le spectacle, je reçus la visite du directeur d'un des théâtres des boulevarts de Paris; il m'avait vu danser dans diverses pantomimes et venait m'offrir un engagement.

Malgré le regret que j'éprouvai

de quitter mes camarades, je ne pus résister au bonheur de faire partie d'un des théâtres de la capitale, j'acceptai son offre, et accompagné de mon frère, je quittai notre troupe, et me rendis à Paris.

Je ne vous parlerai point de mes débuts, de mes succès, ni de mon frère que j'étais parvenu à faire engager, qui tomba à plat et ne reparut plus en scène, se contentant de donner des leçons de danse aux amateurs de cet art.

Ce fut alors que parvenue sur une des scènes de la capitale, je connus les intrigues, les dangers de mon état, et combien j'avais à faire pour me garantir des pièges que l'on tendait à ma jeunesse. Je suis étonnée qu'il y ait encore quelques femmes estimables au théâtre, car en général il n'est point d'endroit plus scandaleux, c'ést un repaire d'immoralité et de perdition; là, le vice seul est honoré et remporte tous les avantages. Voulez-vous un rôle, des appointemens dignes de votre talent? devenez alors la prostituée du directeur, du régisseur, sans cela vous êtes abreuvée de dégoûts et remplacée dans votre emploi par de misérables débauchées; ne demandant d'autre payement que celui d'exposer en public leurs charmes plâtrées, afin d'en trouver acquéreur, n'importe si le public murmure sur la nullité de leurs talens, il faut que chaque soir il les entendent, pourquoi? parce quelles ne coûtent rien à l'administration, pas même l'entretien de leurs toilettes, et qu'elles étalent cependant un luxe extraordinaire, ensuite attirent chaque soir dans la salle une foule d'adorateurs qui payent en entrant à la porte, le droit d'admirer et d'applaudir ces divinités a l'encan.

. . . .

Mon talent avait marqué ma place au grand Opéra; j'avais reçu mon ordre de début et j'attendais patiemment qu'il plut à M. l'administrateur d'en fixer l'époque; cet homme ancien régisseur du théâtre de la Gaité, était parvenu à force d'intrigues, de courbettes et de vices, à obtenir cet emploi important. Malheureusement pour moi, cet homme, comme tous ceux qui prennent les rênes d'un administration, avait à faire passer sa fournée de protégées; elle se composait de la foule de ses complaisantes maîtresses ; toutes échouèrent, et cependant je restais en arrière. Je fus me plaindre à M. le Directeur des Beaux-Arts, un gentilhomme, auquel on pouvait hardiment adopter le dicton : que les sots sont ici bas pour nos menus-plaisirs. Il me reçut avec le ton du protecteur, ensuite me trouvant à son goût, il lui prit fantaisie de me faire la cour, de me rendre ses soins, je feignis de l'écouter, lui donnai quelque espérances, et grâce à cela j'obtins l'honneur de débuter. Mon talent plut au public, je pris pied à l'Opéra, et partageant mon salaire et ma demeure avec mon frère nous vécûmes heureux et tranquilles.

Nous avions tous deux totalement

oublié notre oncle ; la triste existence dont-il nous avait gratifié, n'avait pas gravé profondément son souvenir dans notre mémoire , lorsqu'un jour, en parcourant un journal, je lus un avis qui annonçait la mort du cher oncle et une invitation à quiconque connaîtrait ce qu'étaient devenu ses héritiers, d'en donner avis au notaire du pays où se trouvait situé le château et les biens du défunt.

Duroseau, à cette lecture, pensa mourir de joie et voulut partir aussitôt; nous nous rendîmes sur les lieux , je fis rendre hommage aux mânes de mon oncle, ensuite étant ses seuls héritiers, le cher homme étant mort sans laisser de testament, nous prîmes possession de ses biens qui nous assurèrent à chacun à peu près ving milles livres de rente ; nous vendîmes le château qui tombait en ruines et affermâmes les terres.

J'appris que Georges vivaient encore, mais que sachant notre arrivée et se souvenant de sa conduite, il n'avait osé se présenter devant nous, et avait quitté le château la veille pour se réfugier dans le village. Ce vieux serviteur, par la mort subite de son maître, se trouvait sans ressources; oubliant sa dureté à notre égard ainsi que les corrections qu'il avait su si bien nous administrer , nous souhaitâmes qu'il se ressentit d'une fortune qu'il avait aidé de son mieux à économiser, sans le voir, nous lui assurâmes une pension viagère pour le reste de ses jours.

. . . .

Rentrée à Paris, et voulant quitter un état dont j'étais fatiguée, je donnai ma démission, mais je fus forcée de terminer l'année. Alors, l'administration voyant la perte qu'elle faisait en moi, fit autant d'efforts et de platitudes pour me retenir, que ses membres avaient apporté d'obstacles à mon admission. Puis, quittant ce repaire d'intrigues, pardonnant à ses directeurs leur insolence et leurs vexations, je dis au théâtre, ainsi qu'à la danse, un éternel adieu.

II.

******

— Vous voyez, ma chère Léontine, que je n'ai pas toujours été heureuse et qu'il m'a fallu beaucoup de prudence et de sagesse pour conserver ma réputation et l'estime de moi-même. Etant, dès l'enfance, abandonnée à mes volontés et lancée dans une route où le vice se cache sous les fleurs et se rencontre à chaque pas. Votre âge m'a imposé, dans le cours de ces détails, de vous voiler toutes les séductions auxquelles, en femme honnête, j'ai su résister. Combien il m'a fallu de force pour refuser les brillans avantages qui m'étaient offerts chaque jour en échange de mon honneur. Croyez-moi, ma chère amie, suivez sans cesse les conseils de l'homme respectable qui vous tient lieu de père ; il vous enseignera à toujours préférer votre honorable médiocrité à un bonheur acheté au dépens de la vertu.

La conversation ainsi que le tête à

tête des deux dames furent interrompus par l'arrivée de plusieurs visites; entre autres, par celle de Gustave et de Duroseau. Le frère et l'ami venaient demander à dîner à Délia, ainsi que ses ordres sur le passe-tems de la soirée.

Gustave aurait désiré une promenade sur la brune. Là, il aurait pu parler sans témoins de son amour à Léontine, mais Délia accorda le dîner et refusa la promenade.

L'heure du départ de Léontine était sonnée; la jeune fille n'osait se retirer : elle savait qu'Edmond l'attendait à sa sortie et craignait que Gustave ne s'offrît à l'accompagner. Cependant il lui semblait pénible de quitter si vite Délia ou plutôt la société du jeune homme, qui, depuis son arrivée, ne cessait de s'occuper d'elle et de lui débiter tant de choses aimables.

Vraiment la complaisance et la démarche d'Edmond ont tort en ce moment; sans cela, rien ne presserait Léontine de partir sitôt; pourtant elle ne se presse guère, car, depuis qu'elle hésite à partir, une heure s'est écoulée, et la jeune fille est encore à écouter les paroles de M. Gustave, ensuite une romance nouvelle qu'il chante en ce moment en s'accompagnant sur le piano.

Il fait une chaleur étouffante. Duroseau ouvre les fenêtres et se place à l'une d'elles avec sa sœur; Gustave offre à Léontine de faire de même, elle refuse, craignant d'être aperçue par Edmond qui, sans doute, doit, à cette heure, se promener dans la rue.

Elle se place sur une causeuse. Gustave profite du même siége. Les lumières ne sont point encore allumées, il ne règne dans le salon qu'une faible clarté; le jeune homme profite de ce moment propice, use des libertés que permet le léger badinage qui vient de s'engager entre sa compagne et lui; son bras s'est glissé autour de la taille de Léontine, l'autre lui tient les mains captives; Léontine en souriant cherche à se dégager; son visage rencontre celui de Gustave: celui-ci, oubliant sa prudence, à cette douce rencontre, dérobe un baiser sur la bouche de la jeune fille.

Léontine a rougi, le sourire a fui de ses lèvres, sa tête est tombée sur son sein, ses mains se sont aussitôt dégagées de celles du jeune homme.

Gustave a reconnu sa faute. Comme il est repentant, un genou en terre, il implore son pardon, il accuse son amour extrême de cette faute si grave. Il supplie, il presse; Léontine a souri, il est pardonné.

La paix se cimentait par de douces paroles écoutées et recueillies avec émotion par l'oreille et le cœur de Léontine. Le traité allait se signer par l'action qui avait troublé l'accord, lorsqu'un domestique entra armé d'un flambeau dont la lumière effraya et fit envoler le mystère.

Le domestique s'avança vers Léontine et la prévint qu'un jeune homme qui attendait dans l'antichambre, demandait à lui parler.

Léontine rougit à ces mots, en devinant qui cela devait être, et se levait, lorsque Gustave, la retenant près de lui, répondit au domestique de faire entrer la personne.

— Non, s'écrie Léontine, dites-lui de m'attendre, je vous suis à l'instant.

— Pourquoi l'empêcher d'entrer, Mademoiselle? il est à présumer que les personnes qui ont à faire à vo s sont présentables en tous lieux.

Le capitaine venait de prononcer ces mots avec une espèce d'ironie. Léontine refusait qu'on fît entrer, et s'obstinait à vouloir se retirer. Délia venait de quitter la fenêtre et blâmait Gustave de ce qu'il contrariait Léontine dans sa volonté et engageait la jeune fille à se rendre près de la personne qui la demandait, lorsqu'Edmond poussé par un instinct de jalousie entra dans le salon, et vint par sa présence satisfaire la curiosité de son rival.

Léontine à sa vue s'éloigna aussitôt de Gustave et courut au-devant de lui en le poussant vers la porte. Délia, afin de réparer la désagréable réception faite au jeune homme, s'avance vers lui, le fait entrer et lui offre un siége.

Léontine rougit et pâlit tour à tour; tremblante de contrariété, piqué de la démarche d'Edmond, elle ne sait où se placer, va et vient dans la pièce, tandis que Délia accueille le jeune homme avec toute la grâce possible, le remercie de sa galanterie de venir ainsi au-devant de sa protégée.

Léontine est hors d'elle; la mise mesquine de son amant blesse son amour-propre; les regards hautains que Gustave lance sur Edmond, le rire sardonique qui les accompagne la mettent au supplice.

Elle s'est assise près de Délia. Cette dernière a entamé une conversation avec le jeune commis, à laquelle Gustave ainsi que Duroseau ne prennent aucune part.

Edmond répond avec franchise, même avec ingénuité aux demandes de Délia; il cite son état, la modicité de ses appointemens, parle de ses espérances. Délia lui offre son crédit auprès de ses connaissances et lui souhaite mille bonheurs. Ensuite, se tournant vers Gustave, elle réclame son intérêt et sa protection pour le jeune homme. Gustave ne promet rien, les places sont trop rares et son crédit trop insuffisant pour l'emporter sur la foule des postulans, cependant il verra.

La manière hautaine avec laquelle Gustave a prononcé ces mots, l'air dédaigneux qui les accompagnait, ont blessé Edmond; il rougit d'humiliation, se lève de son siége et s'adressant à Gustave :

— Vous verrez, dites-vous? Monsieur. Veuillez, je vous prie, n'en rien faire. Le bien que daigne me souhaiter madame la baronne, je compte et ne veux le devoir qu'à mon zèle, à ma probité.

Ensuite se retournant vers Léontine, il l'engage à vouloir bien accepter son bras afin de retourner chez elle.

Léontine prit congé de Délia et sortait, lorsque Gustave s'approcha d'elle et se plaignit d'être sitôt privé de sa présence.

Pendant ce tems, la maîtresse de la maison invitait Edmond à revenir la visiter le plus souvent possible.

Edmond et Léontine cheminaient tous deux depuis un quart d'heure sans qu'ils se soient encore adressé une parole; tous deux étaient mécontens l'un de l'autre. Edmond, d'avoir découvert Léontine si près de Gustave, et de plus, de l'embarras qu'elle avait paru éprouver à sa vue ; les tourmens de la jalousie se frayaient un chemin jusqu'au cœur du jeune homme. Quant à Léontine, son humeur venait de la démarche d'Edmond, de ce qu'il s'était permis de monter dans une maison où il n'était pas connu; enfin la vérité, de ce qu'il était venu troubler, par sa présence, les charmans propos que Gustave lui débitait. Mais comme les hommes en fait de réconciliations amoureuses sont toujours condamnés à faire les premiers pas, Edmond, afin de donner à sa belle les moyens de se justifier, rompit le premier le silence.

— Je vous attendais depuis longtems, Mademoiselle, et craignant que vous fussiez partie je me suis décidé à monter vous demander croyant vous trouver à travailler dans l'antichambre, j'étais loin de m'attendre à vous voir au salon entourée des hommages d'un élégant et de paire et compagnie avec les maîtres de la maison.

—Et moi, Monsieur, je ne m'attendais pas à ce que vous vinssiez me compromettre en osant vous présenter dans une maison de laquelle vous n'êtes pas connu.

— Que voulez-vous dire, Léontine?

— Je veux dire, Monsieur, que vous venez de me faire passer pour une fille que les amans viennent attendre à la fin de leur journée.

— Des amans, répond Edmond, ce serait un crime; mais un futur, un ami d'enfance qui vient au-devant de celle qu'il aime, je ne vois rien de mal à cela et ne sais pas pourquoi vous en rougiriez? ne faut-il pas se fréquenter, se connaître avant de se marier?

— Mais, Monsieur, je vous répète que vous avez tort; sait-on si vous êtes mon futur, l'ami de ma famille, le monde est si méchant qu'il est toujours prêt à tourner en mal les choses les plus innocentes, et j'espère que désormais vous ne m'exposerez plus à de tels désagrémens.

— Je conçois que ma présence a dû vous contrarier infiniment, surtout dans un moment aussi agréable pour vous que celui d'un tête-à-tête avec l'impertinent personnage d'auprès duquel vous vous êtes échappée à ma vue.

A ces mots, Léontine sentit son front rougir; dans son dépit elle quitta brusquement le bras d'Edmond, et sans daigner lui répondre elle pressa le pas et le laissa bientôt derrière elle. Ce dernier s'empresse de la rejoindre, se repend de ses paroles, implore un pardon généreux que Léontine refuse obstinément, en lui commandant avec sévérité de s'éloigner d'elle. La jeune fille, arrivée à à sa demeure, se retourne, et s'adressant à Edmond qui arrivait en même tems qu'elle, le prie d'un ton froid de vouloir bien la dispenser de de sa visite. Edmond veut répondre, son air suppliant annonce qu'il va demander la révocation de cet ordre sévère, mais Léontine ne lui en laisse pas le tems, réitère sa demande et s'éloigne aussitôt, laissant à la porte son triste et disgracié futur.

—Que vous venez tard, ma bonne petite? vous n'aurez pas le tems de vous habiller avant que ces messieurs viennent nous prendre; dépêchez-vous, voici les chevaux à la voiture.

—Où allons-nous donc ce matin, Madame?

— Passer la journée à Montmorency ma chère amie, c'est le capitaine Gustave ainsi que mon frère qui ont projeté cette partie de campagne, hier, après votre départ. Vraiment nous devrions être en route. Oh! décidément il faut que je voie votre tuteur, qu'il vous donne à moi, je ne veux plus que vous me quittiez, Léontine; vous serez mon amie, ma fille, c'est moi qui vous marierai avec votre jeune homme d'hier soir; bien entendu; s'il vous plaît, je lui trouve de l'esprit, de la noblesse dans les pensées, dans son physique... Prenez garde, Rosalie, le ruban que vous lui mettez là est d'une couleur trop dure pour une personne de son âge, prenez le nœud, il est charmant et et lui siera à ravir. »

Voilà, ma Léontine; voyez comme vous êtes jolie avec ce négligé; décidément je ne veux plus de vos tabliers, de vos bonnets, dorénavant vous ne serez plus qu'une belle demoiselle. Ah! si votre Edmond vous voyait ainsi, mais j'y pense, pourquoi ne viendrait-il pas avec nous, si nous le prenions en passant à son administration?

— Oh! Madame, il ne pourrait, venir, quitter son bureau lui ferait un tort irréparable.

— Bah! que risquerait-il? de perdre son triste emploi? qu'importe! Je le prendrai pour mon secrétaire, cela lui serait plus avantageux, car n'ayant rien à faire, il pourrait au moins admirer vos beaux yeux; à son aise et son administrateur avec l'aumône dont il ose le gratifier pourrait payer les gages d'un valet qu'il prendrait de plus à son service.

Gustave et Duroseau sont arrivés; on monte en voiture et deux heures suffirent pour franchir les quatres lieues qui séparent Paris de Montmorency.

Nos gens descendent chez Leduc,

le meilleur, le plus cher restaurateur de l'endroit, un excellent déjeûner en satisfaisant l'appétit occasionné par le voyage, excite la gaîté, et procureles forces nécessaires pour la promenade à l'Hermitage et dans les bois. Personne, riche comme pauvre ne fait une visite en ces lieux sans faire sa partie d'ânes, aussi après leur repas, nos quatre personnages étaient-ils grimpés chacun sur le dos d'un de ces rétifs quadrupèdes, et s'enfonçaient dans la forêt. Le hasard et le caprice guident leur marche; le tems est superbe, mais la chaleur étouffante; il est si agréable de se traîner lentement sous ces frais ombrages, ensuite que de plaisir, que de gaité! que de ris! tantôt c'est la monture indocile qui se refuse à un passage, une autre qui choisit le fond d'un ravin pour y placer ses pieds, une autre, sans respect pour la jolie femme, pour la gracieuse robe de mousseline blanche, entraîne son léger fardeau et se vautre avec lui, dans la poussière. Mais heureusement pour Léontine, ce n'est pas à elle qu'arrivent ces fâcheuses aventures, Gustave, le galant Gustave trotte à ses côtés, il guide la monture de la jolie fille, dompte les caprices de l'animal, et soutient Léontine au moindre faux pas : ils marchent depuis longtems et font une halte au milieu de la forêt afin de laisser reposer les ânes. A l'ombre d'un chêne, chacun se repose, s'étend à son aise, la campagne bannit l'étiquette du moins les cérémonies.

On s'assemble près l'un de l'autre, on cause, on chante, on rit, l'heure s'écoule; Duroseau s'est endormi sur l'herbe; mais le tems semble se couvrir de nuages, on craint la pluie, il faut se remettre en route et le coursier du dormeur a disparu. Gustave s'éloigne pour le chercher dans le bois, il se sera écarté; maudite bête, où est-elle?

Enfin, après une infinité de tours et de détours, Gustave suivant un sentier au hasard, se retrouve sur la route qu'ils ont parcourue un moment avant, et aperçoit de loin le déserteur qui trottait tranquillement du côté de sa demeure avant d'avoir terminé sa tâche. Gustave se hâte de prendre ses jambes à son cou et de courir après l'âne maudit, qu'il ne rattrappe qu'avec une peine infinie, ensuite cassant une branche d'arbre, il applique au baudet une rude correction et grimpant sur son dos, lui fait, non sans difficulté, regagner l'endroit de la halte.

Hâtons-nous de partir, nous n'aurons pas le tems de sortir du bois avant l'orage. En effet, de larges gouttes d'eau commençaient à tomber, le vent agitait les branches avec violence. Duroseau prie Gustave une seconde fois de l'aider à se mettre en selle, son corps est si lourd, qu'une de ses jambes refuse d'enlever la masse sur l'étrier; ils enfilent une allée couverte que Duroseau indique comme devant couper au plus court; l'on suit son avis. Ils s'enfonçent dans le chemin; après un quart-d'heure de marche, on trouve la fin de cette interminable route ; quel désapointement ! une énorme fondrière la termine et lui barre le passage de droite et de gauche ; pas une issue, partout des buissons, des ronces, il faut retourner sur ses pas et la pluie tombe avec force. Gustave est furieux après Duroseau, les dames se désespèrent pour leurs toilettes, adieu le bon accord, l'union ; chacun presse le pas de sa monture, Gustave impatienté de la lenteur de la sienne, l'abandonne, et s'emparant de la bride de l'âne de Léontine, cherche, en le tirant de toutes ses forces, à lui faire presser le pas. Mais l'animal aux longues oreilles, se raidissant sur ses pieds de devant, résiste aux efforts multipliés de Gustave ; heureusement pour Délia, le sien, saisi d'une ardeur belliqueuse, prend le trot et galoppe de son mieux; celui de Duroseau imite son compagnon au grand déplaisir du gros garçon que les secousses qu'il éprouve à chaque pas font sauter de droite et de gauche, sans qu'il ose lâcher le pommeau de la selle qu'il tient à deux mains.

Bientôt le frère et la sœur disparaissent aux yeux de Gustave et de Léontine, ce n'est pas une pluie, c'est un déluge qui s'opère en ce moment, Gustave a enlevé la jeune fille dans ses bras, c'est en vain qu'il l'a conduite sous les feuillages les plus épais, à travers les mares qui s'étendent de tous côtés, l'eau perce tout, Léontine est mouillée jusqu'aux os. Gustave lui propose de la porter pour continuer le chemin, elle refuse. Cependant le froid la saisit; l'orage s'apaise, il faut marcher pour se réchauffer, mais de quel côté? n'importe, au hasard.

Pendant ce tems, Duroseau et Délia ont fait du chemin, mais cette dernière voyant la pluie cesser, veut retourner sur ses pas au-devant de Léontine que pour fuir l'orage elle avait abandonnée.

Duroseau en détourne sa sœur, refuse de la suivre et lui montre d'autres nuages s'ammoncelant à l'horison.

Rien ne peut détourner Délia de son dessein, elle se reprocherait de laisser une jeune fille à l'abandon avec un jeune homme qu'elle estime honnête, mais qui ne doit pas être exempt des passions de son âge.

Délia se fâche contre Duroseau, fouette son âne et rebrousse chemin du côté où elle espère rencontrer les deux arriérés. Duroseau voyant sa sœur exécuter sa volonté, se décide à la suivre en maudissant sa tendresse et son inquiétude pour Léontine.

Déjà il sont arrivés au malencontreux chemin, et n'apercoivent pas les deux jeunes gens; ils y pénètrent, appellent de toutes leurs forces, à plusieurs reprises, personne ne répond à leurs voix. Ils se hasardent à faire leur recherche sous les arbres, malgré l'eau qui en dégoutte en abondance; les recherches sont vaines, la plus vive inquiétude s'empare de Délia, des larmes de dépit coulent de ses yeux, elle maudit son impatience et son étourderie qui ont portée à s'éloigner de sa protégée; quelle imprudence! elle ne se la pardonnera jamais; puis les cris, les recherches de continuer de nouveau.

— Prenez garde, mon frère, prenez donc garde! votre âne marche trop près de ce trou, vous allez y tomber? Ciel! je l'avais dit. En effet, le baudet d'une ruade avait désarçonné et jeté Duroseau dans un profond fossé d'une pente rapide; le gros garçon était dégringolé au fond, quoique cherchant à se rattrapper aux touffes de bruyères; mais Duroseau ne s'est arrêté qu'au bas, qu'il a trouvé assez garni d'eau pour être mouillé jusqu'à la ceinture.

Maudite partie, que d'accidens! comment sortir de ce trou, la pente en est rapide et glissante, c'est inutilement que l'infortuné veut s'en retirer, ses efforts ne servent qu'à le mouiller davantage et à le faire foncer dans la bourbe de plus en plus.

Délia au désespoir, cherche tous les moyens de lui porter secours, elle tend les bras à son frère, mais ils sont trop courts pour atteindre la main de Duroseau; pendant ces vaines tentatives, le tems s'écoulait et la nuit commencait à étendre ses voiles sombres sur la forêt, Délia offre d'aller au village voisin chercher du secours, Duroseau ne veut pas rester seul, il supplie sa sœur de ne pas s'éloigner, mais alors que devenir ?

Une idée vient frapper Délia, elle arrache avec mille peines une longue branche d'arbre, ses doigts délicats en sont déchirés, ensanglantés, n'importe, son courage ne fait que redoubler, elle traîne cette branche jusqu'au fossé et l'y jette après en avoir attaché l'extrémité à un tronc avec son mouchoir. Son frère alors saisit ce bois secourable et parvint à force de s'y cramponner à atteindre la main de Délia et le bord du maudit trou.

Crotté, mouillé, abîmé de fatigue, ils remontent tous deux sur leurs bêtes et pressant le pas, ils se dirigent de leur mieux, afin de pouvoir sortir de la malencontreuse forêt.

III.

******

Gustave et Léontine après maints détours dans le bois, sans rencontrer âme qui pût leur indiquer la route de Montmorency, finirent enfin par apercevoir dans le lointain une fumée qui s'élevait au-dessus des arbres; ils se dirigent de ce côté et découvrent en approchant, une maison d'assez pauvre apparence.

Ils étaient dans un état déplorable ; la toilette de Léontine, si fraîche, si éblouissante à leur départ, n'était plus reconnaissable tant l'eau avait détrempé le chapeau de gros de Naples rose et abattu les rubans; la robe de mousseline, jadis blanche, couverte boue, de sable, déchirée par les ronces, les épines, offrait alors aux regards l'aspect d'un haillon de différentes nuances.

La maison, à laquelle ils frappèrent, fut ouverte par une jeune fille qui accorda l'hospitalité qu'ils réclamaient de sa complaisance; malgré l'absence de son père, la jeune paysanne offrit à ses hôtes tout ce qu'elle avait chez elle.

Gustave lui mit un louis d'or dans la main, en la priant de leur faire de suite un grand feu de bourrées afin de sécher leurs habits, n'ayant pas la possibilité d'en changer.

Bientôt le feu pétillant dans l'immense cheminée communiqua sa précieuse chaleur aux deux jeunes gens.

Léontine était tourmentée d'être ainsi séparée de Délia, et de plus, par la pensée de l'inquiétude que son absence allait causer chez elle, en rentrant une seconde fois à une heure si avancée. Aussitôt qu'elle sentit ses vêtemens séchés, elle manifesta le désir de partir afin de rejoindre Duroseau et sa sœur, et de retourner ensemble à Paris.

Gustave s'informa à la paysanne si elle pouvait leur procurer une voiture quelconque, ainsi qu'un guide pour les conduire à Montmorency, offrant de payer le prix qu'on exigerait.

Après un moment de réflexion la jeune fille répondit qu'elle allait s'informer à leur voisin, monsieur Bonnechose, s'il consentirait à prêter sa cariole, qu'elle même alors les conduirait au village, et sortit à cet effet, laissant Gustave et Léontine seuls près du feu.

La figure de Léontine portait en ce moment l'empreinte de la plus vive inquiétude ; à peine écoutait-elle les paroles consolantes que lui adressait Gustave en la pressant sur son cœur, sans qu'elle pensât à se dégager de ses bras.

— Léontine, pourquoi altérer une tête si belle, un visage enchanteur, par l'image de la crainte ; qu'appréhendez-vous? ne suis-je pas près de vous, votre guide, votre ami? calmez cette inquiétude et ne chassez pas plus long-tems le sourire de ces lèvres charmantes; Léontine, vous pleurez, et pourquoi?

— Je ne sais, Monsieur, j'ignore moi-même d'où me vient la crainte, l'inquiétude qui m'assiègent, mais de grâce, hâtons-nous de retourner à Paris.

— Léontine, la présence de celui qui vous adore, qui vous idolâtre, serait-elle pour vous un fardeau? vous gardez le silence, ah! je vous en supplie, jetez un regard sur celui qui l'implore.

Gustave, en ce moment, couvre les mains de Léontine de brûlans baisers; en apercevant à son doigt un anneau d'or, il le détache de la main de la jeune fille. Léontine, dont cette action a réveillé l'attention, se hâte de ressaisir sa bague. Quoi, lui dit Gustave, refuseriez-vous de m'accorder ce gage d'amitié? de l'échanger contre le mien, en parlant ainsi, il tirait de son doigt une riche bague qu'il passait à celui de Léontine. Gardez ce souvenir de l'homme qui ne cessera de vous aimer, dont les désirs les plus vifs seront toujours de vous consacrer sa vie, Léontine, je vous en conjure, accordez-moi cet anneau.

— Non, non, Monsieur, je ne le puis, reprenez votre brillant ; une simple fille telle que moi ne peut accepter un pareil don.

— Je le vois, Léontine, cet anneau que vous me refusez vous vient d'une personne qui vous est chère.

— Monsieur, cet anneau m'appartient ainsi qu'à ma sœur ; il fut trouvé au doigt de notre mère lorsqu'elle mourut en nous donnant le jour.

— Voyez, il porte un chiffre ; c'est tout ce qui nous reste d'elle, jugez si je puis m'en défaire.

— Eh bien, Léontine ; refuserez-vous de m'en remettre un autre ; comme gage de votre amour.

— Mon amour? Monsieur, que dites-vous? m'est-il permis d'éprouver ce sentiment pour vous; pensez à la distance qui nous sépare d'une simple ouvrière, pourrait-elle jamais espérer en vous aimant d'être payée sincèrement de retour? oh! non, vous êtes noble, riche et je suis si pauvre.

— Vous, pauvre? Léontine, que dites-vous? avec tant de charmes, de grâces, n'êtes-vous pas faite pour disposer des richesses, de l'amour de tous ceux qui vous admirent; un mot, un seul mot de vous et la fortune, les hommages seront à vos pieds. Ah! permettez-moi de vous offrir cette fortune, ce rang, s'ils mettent obstacle à la possession de votre amour; oui, je veux être aimé de la plus ravissante, de la plus belle des femmes; Léontine, acceptez cette bague, de grâce, je serais trop malheureux, je perdrais tout espoir, si vous la sortiez de votre doigt.

A force de prières, de supplications, le brillant resta à sa place et l'anneau maternel passa, en attendant un autre qui devait le remplacer dans le doigt de Gustave. A peine cet échange était-il terminé, que le bruit d'une voiture se fit entendre à la porte, et troubla le doux entretien des deux amans.

—V'là la cariole, dit en entrant la jeune paysanne, le voisin Bonnechose ne voulait pas nous la louer, il prétendait que par une nuit aussi noire, que je ferions estropier sa jument, mais je l'avons décidé moyennant vingt francs; voyez, Monsieur, si ce prix vous convenons.

— Parfaitement, ma fille, voici les vingt francs pour lui et autant pour toi.

— Oh! oh! s'écrie la paysanne, j'voyons ben que vous êtes riche, car vous êtes fameusement généreux; j'allons vous mener lestement, dans une demi-heure je serons arrivés.

La cariole roulait grand train, la jeune fille sur le siége ne ménageait pas les coups de fouet.

Gustave était assis près de Léontine. Bien enfoncés dans la voiture et serrés l'un contre l'autre, afin sans doute, de ne pas gagner de froid, ils chuchottaient à voix basse sans que la moindre de leurs paroles s'échappât de la voiture.

Lorsqu'une voix moins silencieuse vint interrompre le calme des bois et attirer l'attention de Gustave. Cette voix criait d'arrêter ; la paysanne craignant que ce ne fût des voleurs, escalada la portière de la cariole en abandonnant les guides, Léontine, non moins rassurée qu'elle, se cacha derrière Gustave, et s'attacha après les pans de son habit.

Le jeune homme rit de leur frayeur et s'apercevant que la jument abandonnée à elle-même se dérange de la ligne droite de la route, quitte aussitôt sa place pour s'emparer des guides; mais il est trop tard, la cariole au même instant renverse dans le fossé qui borde la route.

Les deux femmes poussent un cri d'effroi, et Gustave, qui se penchait vers la jument, afin de prendre les rênes, va rouler à vingt pas de l'équipage. Il se relève, et quoiqu'étourdi de sa chute, il s'empresse de suite d'aider les deux femmes à sortir de la voiture; personne n'était blessé, il n'y avait donc qu'à s'occuper de redresser l'équipage, mais Gustave ainsi que la paysanne ont beau employer tous leurs efforts, c'est en vain. Gustave se rappelle la voix qu'ils ont entendue, c'était celle d'un homme, peut-être n'est-il pas éloigné; alors, faisant quelques pas sur la route, il va appeler de toutes ses forces lorsqu'il aperçoit deux figures humaines se faufilant à travers les arbres.

— Holà! qui que vous soyez, veuillez nous donner un peu d'aide, s'écrie Gustave. Pas de réponse. Notre capitaine aperçoit les deux figures s'enfoncer dans l'épaisseur du bois et disparaître à sa vue ; la curiosité le gagne, il veut connaître les gens assez inciviles pour ne pas daigner lui répondre ; en un instant, il a franchi l'espace qui le sépare de l'endroit où il les avait aperçus ; personne, mais le feuillage vient de s'agiter non loin de lui, Gustave se dirige de ce côté, le bruit redouble, quelque chose roule et se blottit derrière un buisson. Fusse le diable en personne s'écrie Gustave en s'approchnat vivement, il faut que je m'en éclaircisse.

— Grâce ! grâce ! Monsieur le voleur s'écrie une voix que Gustave reconnaît aussitôt pour celle de Duroseau. Le capitaine pousse un éclat de rire et s'empare du suppliant dont la peur et les lamentations redoublent.

— Allons, poltron, relevez-vous, je vous l'accorde, à condition que vous allez m'aider à relever ma voiture. Duroseau a reconnu Gustave, sa frayeur se dissipe. Mais Délia où est-elle?

Dans ce fourré, presque évanouie d'effroi, Gustave y court, la pauvre femme, à son approche, incapable d'ouvrir la bouche tant la frayeur lui fait serrer les dents, lève vers le jeune homme des mains suppliantes.

—Vous aussi, Délia, à mes genoux? vous oubliez donc que c'est à moi de tenir à vos pieds cet humble maintien.

— Ah! c'est vous, Gustave! vous avez pensé me faire mourir de frayeur.

— Dites-moi, de grâce, réprend le capitaine, ce que vous faites à cette heure dans ces taillis? Cherchez-vous à prendre les lapins au terrier?

— Eh! mon ami, nous cherchions notre chemin, lorsque mon frère, effrayé d'un grand grand bruit que nous venions d'entendre, et croyant voir des voleurs dans chaque arbre que le vent agitait, me fit, au bruit de votre voix, quitter la route afin de nous cacher dans ces taillis.

Ils regagnèrent la route; le plaisir de se réunir fit oublier la mésaventure de la journée, excepté à Duroseau inconsolable d'avoir perdu tout le bonheur d'une partie champêtre. Gustave et lui, ainsi que la robuste paysanne relevèrent la cariole, la garnirent de leurs personnes et arrivèrent à neuf heures et demie à Montmorency, où le cocher de madame la baronne Duroseau se dorlottait à table en attendant la fin des mille et un guignons qui devaient lui ramener ses maîtres dans un désordre épouvantable.

— Messieurs, et mes ânes ousqui sont ! depuis à ce matin que les pauvres bêtes vous promènent.

— Tes ânes? petit polisson ! va les chercher dans ton infernale forêt; tu mériterais que je te donnasse une forte correction ponr nous avoir loué des animaux aussi peu dociles.

— J'en sommes, ben fâché, c'est quevous vous ne saviez pas les mener. Tout ça n'empêche pas qu'il me faut mes ânes, ou que vous me les payiez Gustave sentit la justesse de la demande que le petit ânier adressait à Duroseau.

— Mon enfant, lui dit-il, tu les retrouveras sans doute demain dans les bois; s'ils ne reviennent pas, je vais te laisser ici de quoi te les payer. En attendant voilà pour la peine que tu auras à les chercher. Le petit ânier fit un bond de joie en recevant son salaire et s'en fut à l'écurie s'informer si ses locataires n'étaient pas de retour.

— Dînons, soupons, je meurs de faim, quelle horreur! à dix heures du soir ne pas avoir dîné. Holà! garçon, servez-nous du bon vin, les mets les plus exquis de votre cuisine, que leur suavité me dédommage des rigueurs d'une horrible journée! Ainsi parlait Duroseau, allant et venant du salon à la cuisine, tandis que Gustave et Délia, assis tous deux près de Léontine, s'épuisaient en consolation pour apaiser la vive inquiétude à laquelle cette dernière était en proie. Délia promettait d'envoyer de suite chez elle demander à ce qu'elle couchât à son hôtel.

— Mais, Madame, d'ici à notre retour, que de tems va s'écouler; il est déjà si tard; je vous en prie, partons, mon tuteur doit être si inquiet; partons! partons! l'état d'impatience dans lequel je me trouve ne peut me permettre de différer plus long-tems.

— Partons, répète Délia en se levant de son siége, cet enfant a raison, nous ne pouvons décemment la retenir davantage; Gustave appellez Duroseau, je vous en prie. Gustave, afin de satisfaire Délia, se rendait à la cuisine lorsqu'il rencontra Duroseau rentrant et tenant à la main un plat sur lequel reposait un énorme et fumant gigot de chevreuil. Il prévient le gourmet qu'il faut renoncer aux douceurs du festin, et laisser à d'autres ce friand morceau de venaison.

Duroseau pâlit en entendant ces mots, c'est sa mort que l'on exige, il y a cruauté, après tant de fatigues, d'exiger un pareil sacrifice, hélas! ce n'est que trop vrai, les deux dames le lui confirment.

— Peste soit de la petite ouvrière! se dit en lui-même le gros garçon, Mesdames, révoquez cet ordre barbare, accordez une heure, une demie, un quart au moins, où je ne rentre pas vivant dans la capitale. Impossible. A cette réponse, Duroseau, s'empare de plusieurs bouteilles de bordeaux, charge un domestique d'une volaille froide, d'un pain et court devant déposer ces précieux fardeaux dans l'équipage, qui peu après roulait avec vitesse sur la route de Paris.

IV.

******

— Tu dis donc, Edmond, qu'on t'a répondu que Madame la Baronne l'avait emmenée à la campagne avec elle ?

—Oui, M. Bonnard, c'est ce que m'a répondu le concierge.

— Le mal ne serait pas grand, il il n'y en aurait même pas, si, au moins, Léontine nous en avait prévenus. Mais partir sans en rien dire, sans me demander permission, et ne pas être de retour à minuit. Ah! Léontine je ne vous reconnais plus.

— Calmez-vous, mon père, ma sœur va rentrer, peut-être cette dame n'avait pas prévenu qu'elle reviendrait si tard, autrement Léontine nous aurait avertis; elle vous aime trop pour nous inquiéter par sa faute.

— C'est en vain, Annette, que tu veux chaque jour excuser ta sœur, je ne ne m'aperçois que trop de son changement, décidément elle ne retournera plus chez cette baronne. Depuis qu'elle fréquente cette maison elle n'est plus la même, ce n'est plus cette jeune fille si enjouée, si vive, si simple, qui se plaisait avec nous, qui nous aimait; maintenant les pieds lui brûlent lorsqu'elle est ici, plus de paroles aimables à nous adresser, la baronne seule occupe ses pensées, son langage; plus de gaîté, de chansonnettes; des désirs de fortune, des rêves ambitieux, de l'indifférence pour sa famille, voilà ce qui l'occupe actuellement et ce qui vient de succéder aux qualités que je regrette en elle; enfin, notre intérieur, si heureux, il y a quelques jours, est aujourd'hui bien différent; toi-même, Edmond, tu es triste, tu ne parles plus; Annette et toi, vous êtes à l'unisson, sa jolie bouche, ses beaux yeux sont abattus elle soupire en cachette, Ah ! mes enfans , auriez - vous quelque chagrin que vous me cacheriez!

— Non, M. Bonnard, répond Edmond d'une voix altérée, mais les larmes qu'il s'efforce de cacher et qui s'échappent de ses yeux, viennent assurer le contraire.

—Tu pleures, mon ami, reprend le vieux prêtre, et tu me caches le sujet de ta peine ; veux-tu imiter Annette que je surprends chaque jour à en faire autant que toi; dans ce moment, tiens Edmond, regarde si je ne dis pas la vérité. Hélas! je ne sais quel démon est venu semer le chagrin dans notre modeste demeure, mais depuis quelques jours tout est changé ici.

— Rien n'est changé, mon père, dit Annette en prenant la main du vieillard, non, rien n'est changé, vos filles chéries vous aiment toujours davantage; nous n'avons pas de peines; votre cœur seul s'inquiète par l'excès de l'amour qu'il nous porte. Qui donc viendrait nous affliger? votre santé précieuse n'est pas altérée? nous sommes aimées de vous, nous vous voyons chaque jour, vous daignez consentir que vos filles adoptives en vous donnant leurs soins, vous rendent ce que vous fîtes pour elles; ah! calmez votre inquiétude, soyez heureux autant que nos cœurs le désirent.

La figure vénérable du prêtre, exprima un sourire du bonheur en fixant Annette, il attira cette jeune fille sur son sein, déposa sur son front le plus tendre baiser, et présenta sa main en signe d'amitié à l'ami, témoin de cette scène; ensuite, jetant, par hasard les yeux sur la pendule et voyant l'heure qu'elle indiquait, sa figure reprit de suite une teinte de mélancolie, mêlée d'impatience, puis se levant aussitôt :

— Je n'y puis plus tenir, s'écrie-t-il, Annette, donne-moi mon chapeau, je veux me rendre chez la baronne, dévoiler le mystère d'une pareille conduite, savoir ce qui retient mon enfant; je ne sais, mais mon cœur est dévoré d'inquiétude, il me semble qu'il est arrivé quelque chose de fâcheux à Léontine, donne, ma bonne Annette, je t'en supplie, ne me retiens pas.

— Mon père, mon ami, y pensez-vous, à une heure de la nuit, vouloir vous absenter, courir si loin, non, je ne puis y consentir.

Annette forçait Monsieur Bonnard à se rasseoir, lui ôtant son chapeau des mains; Edmond, non moins tourmenté, offrit de retourner pour la seconde fois, s'informer de Léontine; Monsieur Bonnard y consentit et voulait même l'accompagner, il fallut toutes les instances d'Annette pour changer sa volonté.

Edmond cheminait solitairement par les rues qu'avait coutume de prendre Léontine, regardant s'il ne la rencontrerait pas, accompagnée d'un domestique que la baronne lui aurait donné pour la conduire.

Il marchait tristement, portant souvent son mouchoir vers ses yeux, poussant d'énormes soupirs que la cruelle qui les causait était loin d'entendre, les pensées d'Edmond étaient toutes pour Léontine, quelque fois elles se reportaient avec jalousie sur le jeune homme qu'il avait vu chez la baronne; un pressentiment lui faisait voir en lui un rival; d'ailleurs, quel homme, pensait Edmond, peut voir Léontine sans connaître l'amour, sans souhaiter d'être aimé d'elle. Oui, mais il l'aime aussi, beaucoup plus qu'un autre pourrait l'aimer, elle est sa fiancée, son amie d'enfance, ah! malheur à celui qui voudrait bien ravir son cœur.

Le jeune homme exalait ses transports amoureux et jaloux, lorsqu'il fut tiré de cet état par la voix d'une personne qui appelait à son secours, et qui poussait des cris lamentables.

Ecouter d'où partent les cris, courir à la voix du malheur, fut pour Edmond l'affaire d'une seconde. Un vieillard est renversé sur le pavé, deux malfaiteurs s'empressent de le dépouiller; un d'eux lui presse la poitrine en y appuyant un genou, et de ses mains comprime les cris, les supplications de la victime, tandis que son complice arrache au vieillard ses bijoux et son argent; mais un de ces scélérats reçoit un coup terrible qui le renverse sans connaissance auprès de sa victime; l'autre effrayée , abandonne sa proie et se sauve de toute la vitesse de ses jambes. Libre de porter ses secours au vieillard, Edmond se hâte alors de le relever et de le conduire sur un banc; le sang coule de sa tête , la pâleur de la mort est sur son visage; comment le rappeler à la vie? Edmond n'a rien pour le secourir, pour ranimer le malheureux près d'expirer; le jeune homme regarde autour de lui s'il ne verra venir personne pour l'aider dans ce triste moment, il n'ose laisser le vieillard seul, un de ses assassins est là, étendu près d'eux, il n'est pas mort sans doute ; il peut rappeler son complice , et achever leur crime.

Oh! bonheur! le vieillard vient de soupirer, il n'a pas cessé d'exister, Edmond ne calcule rien, prend le malheureux dans ses bras et malgré ce lourd fardeau, se dirige vers la rue Saint-Honoré dont il est peu éloigné; il passe devant une boutique dont la lumière perce à travers les fentes des volets : c'est un café, Edmond frappe, une voix demande qui est là.

—Du secours, s'il vous plaît, à une personne qui se meurt, ouvrez, ne craignez rien, ce sont des gens honnêtes qui réclament de vous une bonne action.

Pas de réponse; demander du secours était maladroit; demander du vin, un billard, parler d'orgie, de jeu, de dépense, eût été mieux, les portes se seraient ouvertes de suite.

Edmond renouvelle sa prière avec plus d'instance, offre de payer le double et d'avance ce dont on aura besoin.

Enfin les verroux se tirent, la porte s'entr'ouvre lentement, un garçon de café, passe sa tête à travers l'ouverture. Oui, ce sont des gens bien couverts, ils payeront, ce ne sont pas des malheureux que la faim force à employer la ruse afin d'obtenir une aumône, entrez. A la vue du sang, la limonadière pousse un cri et se sauve dans une autre pièce; Edmond a déposé son fardeau sur une chaise, le garçon en grimaçant, procure un flacon d'eau de cologne, du vinaigre, de l'éther; Edmond coupe les cheveux, lave et bande la plaie qui heureusement n'est pas profonde; les soins du jeune homme sont couronnés de succès, le vieillard ouvre les yeux, les promènent sur les personnes et les objets qui l'environnent, Edmond lui parle, le soutient, le rassure, le malade le fixe avec étonnement, lui demande d'une voix faible qui il est., et comment il se trouve en ces lieux, Edmond lui raconte ce qui s'est passé et le bonheur qu'il a eu d'arriver si à propos à son secours, ensuite, il s'informe de sa demeure, afin de l'y reconduire.

Le malade préfère envoyer quelqu'un chez lui prévenir que l'on vienne le prendre, et offre au garçon une récompense s'il veut lui rendre ce service ; il y consent.

En moins de deux heures, une voiture bourgeoise s'était rendue aux ordres de son maître. Le vieillard prie Edmond de vouloir bien conduire sa belle action jusqu'à sa fin, en l'accompagnant chez lui, le jeune homme se place près du malade, qui, après avoir payé grandement l'asîle et les soins qu'il avait reçus dans le café, ordonne au cocher de le conduire à sa demeure.

La voiture, arrivée rue de Choiseul, entra dans la cour d'un bel hôtel dont la porte s'ouvrit à la voix du cocher ; plusieurs domestiques en livrée vinrent en apportant des flambeaux, au-devant de leur maître. Edmond aida le vieillard à descendre de la voiture; un cri d'effroi s'échappe de la bouche des domestiques à la vue du sang dont leur maître est couvert, et des linges qui enveloppent sa tête, ils s'empressent de l'entourer en le questionnant avec respect et intérêt.

Edmond ne jugeant plus sa présence nécessaire, avait gagné la porte et demandait le cordon afin de se retirer, sa voix frappa le malade.

—Courez, courez, dit-il à un de ses gens, rappelez ce jeune homme, mon sauveur, nous ne devons pas ainsi nous quitter. Edmond, à l'invitation qu'il reçoit, retourne sur ses pas avec le domestique. Ce dernier le fait monter, lui fait traverser plusieurs pièce richement meublées et le conduit jusqu'à celle où son maître vient d'être transporté.

— Comment, Monsieur, vous me fuyez déjà? quoi! les douleurs, les plaintes d'un souffrant vous sont-elles tant à charge, que vous n'ayez pas la patience d'attendre les remercîmens qu'il vous doit : asseyez-vous près du lit que je vais occuper dans l'instant, ensuite nous causerons tous deux.

— Votre position, Monsieur, exige un grand repos, ainsi donc ne le troublez pas, en voulant reconnaître envers moi un service très naturel, que je dois au hasard de vous avoir rendu; permettez-moi de me retirer, dans un autre instant, j'aurai l'honneur de venir m'informer de votre santé.

— Restez, restez encore, jeune homme, c'est un ami qui vous en prie.

Edmond se rendit à cette invitation, à peine avait-il repris sa place, qu'une jeune personne de dix sept à dixhuit ans entra en courantet fut se jeter en larmes sur le lit du vieillard.

— Comment, ma fille, ils t'ont réveillé, qu'avaient-ils besoin de troubler ton sommeil?

— Ah je leur rends grâce! mon père. Oh! Dieu, êtes-vous blessé dangereusement?

—Non, ma Florentine, ce n'est rien, l'effroi, le saisissement ont été le sprincipales causes de ce que j'éprouve; j'en suis quitte pour la peur et une très légère blessure; mais sans la bravoure, l'humanité de ce digne Monsieur, ma chère fille, tu n'aurais plus de père.

Florentine tourna ses yeux vers Edmond et le remercia mille fois en lui assurant une reconnaissance éternelle; ensuite prenant un siége, elle se plaça près de son père et du jeune homme, auquel elle ne cessait de rendre grâce.

M. Germont, car tel était le nom du père de Florentine, fit à Edmond différentes questions adressées avec délicatesse et bonté, sur sa famille et son état. Edmond avoua avec franchise qu'il était fils d'un marchand de province, peu fortuné, qu'il occupait un emploi à la Poste et vivait avec une famille respectable dont il était regardé comme l'ami intime.

— Monsieur, répondit M. Germont après avoir écouté Edmond, le service que vous m'avez rendu est plus qu'ordinaire, il est le fait d'un caractère noble, humain, généreux, je suis fortuné, beaucoup d'autres à ma place croiraient, en vous offrant de l'or, s'acquitter envers vous, mais de pareilles actions méritent mieux, je croirais vous humilier par une telle récompense. Je ferai mieux, veuillez accepter mon amitié, partager ma maison, la regarder comme celle d'un père, j'ai quelque crédit, quelques droits, sur l'estime des gens riches, des négocians de cette ville, et veux l'employer en votre faveur; je m'estimerai heureux si je réussis à embellir votre avenir, en voulant m'acquitter d'une partie de ce que je vous dois.

Edmond, honteux de tant de bontés, de promesses flatteuses, n'osant se livrer à un espoir si doux, remercia M. Germont ainsi que Florentine, dont la bouche charmante lui répétait les mêmes paroles que son père.

— Oui, répondit-il, j'aurai le bonheur de revenir près de vous, puisque je suis assez heureux pour mériter cette faveur, quant à votre intérêt à mon égard, avant d'en recevoir les preuves, je veux m'en rendre digne, et c'est déjà obtenir plus que j'ambitionnais, que d'être admis et reçu par vous sous le titre d'ami.

Le médecin qu'on était allé chercher arriva sur cette entrefaite et mit fin par sa présence, à un entretien qui paraissait vouloir se prolonger.

Il trouva le malade calme et la blessure peu dangereuse, et gronda M. Germont de s'exposer à soixante ans de sortir seul à une pareille heure de la nuit. Le malade s'excusa en apprenant aux personnes présentes, qu'étant à dîner chez sa sœur au faubourg Saint-Germain, la soirée s'était écouée sans qu'il y fît attention et que voyant l'heure avancée, il s'était retiré sans mot dire, croyant pouvoir sans danger regagner son quartier, lorsqu'au détour du quai de l'Ecole et de la rue des Poulies, il avait été renversé, sans s'yattendre, par deux hommes qui marchaient derrière lui depuis quelques instans.

Le docteur fit une ordonnance et se retira en commandant le repos pendant quelques heures.

Edmond, voyant le jour paraître, imita le médecin et partit en emportant les plus doux témoignages de l'amitié de M. Germont ainsi que de la belle Florentine; il regagna le quartier de la Cité, ne jugeant plus nécessaire ou du moins possible, de se présenter chez la baronne à une heure aussi avancée.

Edmond, en passant sur le carré, devant la porte de M. Bonnard, prêta l'oreille afin d'écouter s'il entendrait quelque bruit, le silence plus grând lui fit connaître que tout reposait; il entra dans sa chambre, se jeta sur son lit et essaya de prendre quelque repos, mais l'inquiétude, le chagrin, l'empêchèrent de fermer la paupière.

Le moment de quitter son lit le le surprit dans ses réflexions douloureuses, il se leva et descendit de suite frapper à la porte d'Annette, cette dernière vint lui ouvrir après quelques instans, et lui apprit qu'à peine il était parti la veille pour se rendre chez la baronne, qu'un domestique de sa maison était venu apporter une lettre à M. Bonnard de la part de M. Duroseau, pour prévenir que sa sœur, au retour de la campagne, étant tombée dans un état d'indisposition très grave, qelle suppliait leur tuteur de vouloir bien permettre que Léontine restât auprès d'elle pour le soigner, que M. Bonnard avait consenti, mais qu'il se réserait de se rendre dans la journée chez cette dame afin de s'assurer lui-même, s'il pouvait permettre à Léontine de continuer à séjourner dans une maison où les dissipations paraissaient être la principale occupation de sa pupille.

En effet, aussitôt que M. Bonnard eût pris son café à la crême, il endossa la redingote maron, mit son chapeau et s'arma de son grand jonc à pomme d'argent, il embrassa son Annette, et, se mettant en route, il se dirigea vers la Chaussée-d'Antin, arrivé chez l'ex-danseuse, un domestique le fit attendre dans l'antichambre le tems qu'il mit à l'annoncer; ensuite, il l'introduisit dans la chambre à coucher, Léontine quitta le chevet du lit, où reposait, Délia et courut au-devant de son tuteur qu'elle reçut avec joie et bonheur, elle le conduisit près du lit de la baronne, Délia le pria de s'asseoir près d'elle et de vouloir bien l'excuser de ce que son insdisposition l'empêchait de le recevoir plus convenablement.

—Quelle heureuse occasion, ajouta-t-elle, me procure votre visite, Monsieur? mon dessein était de vous prévenir par la mienne, afin d'avoir l'honneur de faire votre connaissance, et d'excuser les absences de Léontine, étant la seule coupable.

— J'aime à croire, Madame, que ma fille chérie ne peut être en meilleure société que la vôtre, cependant, je venais pour la gronder; Léontine connaît combien sa sœur et moi sommes faciles à nous alarmer lorsqu'elle est loin de nous; devait-elle, sans ma permission, sans nous en instruire au moins?

— C'est moi, Monsieur, c'est moi qu'il faut accuser; pardon si mon amitié a pu lui mériter votre blâme, n'en accusez que moi, que le désir que j'éprouve de la posséder.

— Du moment, Madame, que je vous connais, je l'excuse; j'avoue que l'estime dont vous daignez l'honorer doit la flatter et l'attacher à vous, mais, Madame, Léontine est sans fortune, sans espoir d'en posséder jamais, le travail fut et doit être pour toujours son unique ressource, et je crains à juste titre qu'habituée à vos bontés, à vos soins, que, traitée comme votre amie, elle ne contracte des goûts, des désirs au-dessus de sa position, alors le travail deviendrait pour elle une cruelle tâche, un pénible assujétissement, comparé avec l'aisance, le luxe, et les habitudes que votre indulgence pour elle lui aurait fait contracter; je me vois donc forcé, à regret, madame, de vous prier de n'accorder à ma fille qu'un salaire obtenu par un travail assidu, sans cela, je serai obligé pour son intérêt. son sort avenir de la priver de votre présence ainsi que de votre protection.

— Ah! Monsieur, pouvez-vous penser que mon intention soit de perdre cette enfant par des dissipations, quoi? après lui avoir fait connaître les douceurs de la fortune j'irais l'abandonner, la rendre au sort mercenaire où l'injuste sort l'a placée non, Monsieur, je voulais vous voir, vous demander Léontine, je suis riche, sans parens, sans amis sincères après moi ma fortune deviendrait la proie de gens inconnus à mon cœur, confiez-moi votre pupille, je l'adopte, je forme son éducation et l'établis honorablement.

Une larme s'échappe de vos yeux, vient mouiller vénérable figure, ah!

je vous devine, vous pensez que mes offres vous éloigneraient d'une de vos filles chéries, d'un de ces enfans, pour l'amour desquels votre bienfaisance, vos soins ont été sans bornes ! loin de moi, Monsieur, l'idée de vous causer ce chagrin, d'imposer cette privation à vos vieux jours ; oui c'est ici, ici même que je vous conjure d'habiter, ici, près de votre Léontine, et de sa sœur, venez, Monsieur, venez être notre père, notre ami, notre mentor, tout en ces lieux s'empressera de vous plaire, de vous respecter, j'attends de votre bouche une réponse qui convienne à mon impatience, à mes vœux.

Votre générosité, Madame, a droit de me susprendre; qui peut nous mériter un si tendre intérêt, croyez que ma reconnaissance égale mon admiration pour votre bienfaisance, mais je ne crois pas devoir accepter des offres si généreuses, il y a peu de tems, Madame que nous sommes connus de vous, et votre cœur se livre trop vite à ses penchans naturels, un jour le lourd fardeau que vous voulez recueillir, vous paraîtrait peut-être trop fatigant, vous êtes jeune encore, Madame, et votre âge ne vous permet pas l'adoption; de plus, vous pouvez plus tard, former une union, d'où naîtraient des héritiers à vos vos biens, alors vos souhaits d'aujourd'hui, notre entourage deviendraient pour vous un sujet de gêne et des obstacles à vos desseins. Réfléchissez, Madame, et croyez que nous serons assez riches, si, avec notre existence actuelle, nous possédons en sus votre précieuse estime.

Léontine, les yeux baissés, avait jusqu'ici gardé le silence, son cœur s'était livré à la joie en écoutant les propositions généreuses de Délia, mais il se serra fortement et battit de crainte et de douleur en entendant le refus de son tuteur, mais il se rouvrit de suite à l'espoir en voyant Délia combattre les préjugés et les craintes du vieillard. Enfin, à force de prières, de supplications, M. Bonnard se laissa presque fléchir et consentit pour le moment à ce que Léontine demeurât chez la baronne et lui promit de venir souvent avec Annette rendre visite à la dame, jusqu'au jour qu'elle espérait les fixer entièrement chez elle.

Le vieillard resta long-tems près de la baronne ; Délia lui ouvrit son cœur, se découvrit à lui en faisant connaître sa vie et ses aventures. Le vieux prêtre, malgré l'état qu'elle avait exercé, ne sentit ni son intérêt ni sa bonne opinion pour l'ex-danseuse s'affaiblir en rien, prêtre tolérant, dégagé de tous sots préjugés, il n'admira que davantage la conduite sage et prudente que Délia avait eu le courage de soutenir dans un état où il est si difficile d'échapper aux séductions qui se présentent à chaque pas.

Voici Léontine fixée dans un séjour qui cadre si bien avec ses goûts et ses désirs, adieu le petit bonnet, la modeste robe, le tablier de l'ouvrière, vite les fines étoffes, les rares tissus; couturières, faiseuses de modes, coiffeurs en réputation, tous abondent dans l'hôtel, tous travaillent avec ardeur à la transformation de la jeune fille; tous s'empressent de la parer, d'ajouter à ses charmes enchanteurs. En moins de quarante-huit heures, notre héroïne compte par douzaines les différentes toilettes qu'elle tient de la générosité de sa bienfaitrice, combien elle doit être reconnaissante! combien elle conservera le souvenir de tant de bontés? Combien, sans doute, s'empressera-t-elle de continuer à les mériter par une conduite sans détour sans reproches?

Depuis quinze jours, Léontine habite l'hôtel; M. Bonnard ainsi qu'Annette sont venus rendre deux fois à

Délia les visites qu'ils en ont reçues, leur liaison se cimente de plus en plus, le bonheur semble sourire au vieux prêtre, car Annette plaît autant que sa sœur à la généreuse Délia. Madame Lottin, leur portière, semble moins incivile depuis qu'elle voit des gens à équipage venir visiter les petites gens de la maison.

Cependant il n'est point de bonheur sans nuage, et rien ne peut faire évanouir ceux qui couvrent le front de la pauvre Annette ainsi que celui d'Edmond: le jeune homme connaît le changement de condition de sa maîtresse, son cœur en est ulcéré, pourtant on doit être content de voir heureuse celle qu'on aime, de plus, il peut et est invité à venir la voir à chaque instant, oui, mais si la toilette de sa maîtresse s'est enrichie, la sienne n'a subi aucun changement, si ce n'est un degré de d'usure, alors comment se présenter au milieu du cercle qui garnit sans cesse le salon où brille actuellement son inconstante? hélas! à sa dernière visite, Léontine a jeté sur lui un regard de pitié, Ah! c'en est fait, il doit oublier Léontine, la fuir, il en mourra de douleur, mais au moins il ne la fera pas rougir par sa misérable présence au milieu de sa nouvelle et brillante société.

Il n'est que trop vrai, Edmond ne s'est pas trompé, sa présence est à charge à Léontine, sa mise mesquine blesse sa vanité, surtout devant Gustave, car ce dernier ne quitte plus de chez Délia, par mille moyens il sait rendre sa présence nécessaire et naturelle, la baronne ne se doute nullement de de ses motifs, elle ne voit jusqu'ici dans ses assiduités chez elle, que le désir de partager sa société celle de Léontine et de participer aux distractions qu'elle procure à sa nouvelle compagne, ensuite Gustave est l'ami de son frère, ils sont inséparables et Duroseau passe ses journées chez sa sœur.

Ah! madame la baronne, on vous trompe, cependant ne remarquez-vous pas que sans cesse les deux jeunes gens sont près l'un de l'autre, qu'ils se suivent, qu'ils chuchottent souvent ensemble, qu'en votre absence, la séduction marche à pas de géant. Oui, le jeune fille résiste de tous ses efforts, mais elle est femme, c'est vous dire qu'elle est faible et malheureusement elle a à lutter contre un puissant et dangereux adversaire, dont les discours, les promesses, les sermens sont autant de serpens qui se glissent, se faufillent et pénètrent dans les replis du cœur de leur crédule victime. Léontine, en effet, tu n'as pu résister, tu n'as pu te soustraire à l'assurance de tant d'amour, tu le crois sincère, tu aimes, tu en fais l'aveu imprudente; prends garde, l'abîme est sous tes pieds, le reptile t'y entraîne, encore un pas, c'est fait de toi.

Un bruit se fait entendre, les deux amans se séparent aussitôt, c'est Délia qui entre, elle tient une lettre à la main, une invitation pour un fort beau bal, vite, il n'y a pas de temps à perdre, c'est pour ce soir, il faut choisir, préparer les toilettes, quel bonheur pour Léontine c'est le premier auquel elle assistera, Gustave est de la partie, il quitte ces dames, court se disposer, et compte venir les prendre le soir. En effet, il fut exact, on est en voiture, ils partent tous les quatre.

Le bal est nombreux et brillant, la foule est tellement confuse que malgré elle Léontine se trouve séparée de Duroseau et de sa sœur, mais son galant chevalier ne l'a pas quittée, Gustave la soutient, la guide à travers les flots tumultueux des promeneurs.

Comme Léontine est jolie, quelle

élégante toilette ajoute encore à ses charmes! comme la foule des jeunes gens s'empresse autour d'elle, partout s'échappent des mots galans sur sa beauté, qui viennent agréament tinter à l'oreille de celle qui les inspire; que de plaisir! de bonheur! d'ivresses! Jamais Léontine n'a passé un si doux moment.

La chaleur était suffoquante, Gustave et Léontine se sont retirés dans une pièce éloignée du monde, quelques personnes l'occupaient à leur entrée, mais un signal de l'orchestre les a rappelées à la danse, les deux amans sont restés seuls, Léontine étant fatiguée, Gustave l'invite à se reposer un instant, et le même sopha reçoit les deux jeunes gens.

Duroseau et Délia les cherchaient depuis long-temps, et s'efforçaient de les rejoindre, Délia, fatiguée de traîner son gros frère dans la foule, l'invite à faire la recherche d'un côté et se dirige seule de l'autre.

Après quelques détours, le hasard la conduit vers la pièce où sont les deux jeunes gens, la porte en est fermée, Délia hésite à l'ouvrir craignant de commettre une indiscrétion, tandis qu'elle balance, une voix à l'intérieur vient frapper son oreille, elle reconnaît celle de Gustave, un instinct secret la pousse à écouter, quelle est sa surprise, il parle d'amour, sa voix est passionnée, il supplie, il implore Léontine, il.... C'en est fait, Délia confondue, furieuse ne résiste plus, elle frappe; on se tait, elle recommence fortement et appelle Léontine, encore un moment et la porte s'ouvre, Délia veut épargner la jeune fille qu'elle croit innocente, elle cache son trouble et sa colère, feint de ne se douter de rien, ramène Léontine dans le bal et ne la quitte plus le reste de la nuit.

V.

******

Délia malgré la fatigue d'une nuit passée dans le plaisir, se leva de fort bon matin contre son habitude; elle n'avait pu fermer l'œil, les cours instans qu'elle avait passés au lit, aussitôt son lever, elle se mit à son secrétaire, écrivit une lettre qu'elle adressa à monsieur Gustave Darmentier. Ensuite, sonnant un domestique, elle lui ordonna de la porter de suite à son adresse, Délia paraissait ce matin dans une agitation extrême, son visage; où rêgnait ordinairement le calme et la douceur, paraissait en ce moment sombre et colère, se promenant à grands pas dans sa chambre, Délia laissait échapper de sa bouche les noms de suborneur, infâme, homme sans délicatesse, mais elle fut tirée de cet état d'agitation, de trouble par la présence de son rère dont la visite matinale la surprit fort.

— Ah! vous voilà, Monsieur; si matin?

— Oui, ma chère Délia, je viens m'informer de ta précieuse santé; cette nuit, tu m'as donné de l'inquiétude, ton changement subit de la plus folle gaîté, de l'amabilité la plus complète, à la plus froide taciturnité, à l'air le plus mécnotent, en vérité, ma sœur, je t'ai crue sérieusement incommodée.

— Très incommodée, en effet, mais comme je viens d'éloigner la cause de mon mal, j'espère beaucoup le surmonter.

— Je ne te comprends pas, Délia, explique-toi?

— Ah! tu ne me comprends pas! eh bien, mon ami, je viens de signifier à monsieur Darmentier l'ordre de ne plus reparaître chez moi.

— Tu plaisantes; quoi! à mon intime.

— Il est possible qu'il soit ton intime, mais cela ne m'oblige pas à recevoir davantage un homme sans délicatesse, qui, oubliant ses devoirs, ce qu'il doit à notre estime, cherche, en abusant de notre confiance, à déshonorer, à séduire un enfant que j'aime et de laquelle je réponds devant Dieu et devant celui qui me l'a confié.

—Pas possible, tu t'abuses ma chère sœur, où diable vas-tu t'imaginer qu'un homme tel que Gustave se soit amouraché de ta petite; une supposition que parmi l'essaim nombreux des belles qui t'entourent il est jeté les yeux et donné la préférence à Léontine, je ne verrais rien là dedans de fâcheux pour elle ; il lui serait très glorieux au contraire pour son premier début dans le monde d'avoir fait la conquête d'un des garçons les plus aimables, les plus à la mode de Paris.

— Vous raisonnez d'une manière bien sotte et bien vile, mon frère ; où puisez-vous cette morale accommodante ? sans doute parmi les gens à la mode que vous venez de citer. Ah ! j'avais meilleure opinion de vos principes. Comment, la perte d'une jeune fille, sa honte éternelle, le malheur de sa vie entière, vous traitez cela si légèrement ! oh ! non, en parlant ainsi, ce n'était pas vos propres pensées ; et moi, qne diraije? que deviendrai-je? après un tel malheur; croyez-vous donc que je n'en serais pas la seconde victime, que le blâme ne retomberait pas sur moi en entier... mais j'aime à croire que je m'alarme à tort, Léontine est sage, vertueuse et aurait su, sans moi, résister à la séduction.

— Alors donc, n'y pensons plus ; pardonne-moi ce que je viens de te dire et déjeûnons ensemble.

Délia ne fit rien paraître à Léontine qui put lui donner à penser qu'elle était instruite de la conduite de Gustave ; après le déjeûner auquel elle paru aussi gaie qu'à l'ordinaire, elle proposa à Duroseau de accompagner, ainsi que Léontine, dans plusieurs visites qu'elle comptait rendre dans la journée.

Duroseau s'en excusa en prétextant diverses affaires et rendez-vous utiles auxquels il ne pouvait s'exemter de se rendre, et quitta les deux dames quelques instans après.

Plusieurs jours s'étaient écoulés depuis l'aventure du bal ; Gustave ne reparaissait plus chez Délia ; Léontine s'alarmait en secret de son absence et n'osait parler de lui à Délia depuis qu'une seule demande à ce sujet était restée sans réponse de la part de sa bienfaitrice.

Un soir, Délia avait été forcée par la migraine de se mettre au lit et de chercher dans le sommeil un remède à son mal.

Léontine était seule au salon ; un livre qu'elle tenait à la main, était loin d'occuper son esprit ; c'était à Gustave qu'elle accordait ses pensées, aux regrets de son inconstance, de son changement subit. Elle se rappelait avec délices tous les instans qu'ils avaient passés ensemble, se remémorait ses propres paroles, ses actions, et ne se rappelait de rien qui put lui avoir mérité cet abandon de celui dont elle croit être aimé.

Elle fut troublée dans ses réflexions par un domestique qui vint la prévenir qu'un espèce de commissionnaire demandait à lui parler ;

Léontine répondit qu'on fit entrer. Cet homme venait de la part de sa sœur la prier de se rendre de suite chez son tuteur qu'une grave maladie retenait au lit depuis depuis deux jours, le vieillard désirait la voir et la conjurait de venir aussitôt.

Cette triste nouvelle accabla Léontine ; son cœur tressaillit de crainte et de douleur; elle ordonna à l'homme d'attendre un instant, et au domestique de faire mettre de suite les chevaux à la voiture ; cet ordre n'était pas possible, le cocher ne croyant pas son service nécessaire, s'était absenté et personne dans la maison ne savait conduire.

N'importe, Léontine ira à pied ou prendra un fiacre; mais elle ne peut partir sans prévenir la baronne, Rosalie lui annonce qu'elle vient de s'endormir.

— Alors, je pars sans la voir, dites-lui que si je me suis permise cette démarche sans son aveu, c'est que je suis certaine qu'elle ne la blâmera pas et que sans son incommodité, elle serait la première à m'accompagner; dites-lui bien, Rosalie, que je me rends près de mon père, de mon tuteur souffrant sur un lit de douleur, et réclamant la présence de la seconde fille.

Léontine s'enveloppe d'un châle, couvre sa tête d'un ample chapeau et suivi du commissionnaire, prend aussitôt le chemin de la Cité.

Léontine longeait d'un pas rapide la rue de Richelieu sans avoir rencontrée une voiture dans laquelle elle puisse monter ; la nuit était entièrement tombée ; la jeune fille n'entendant plus les pas de l'homme qui l'accompagnait se retourne et voit à sa place, qui ? Gustave. Léontine étonnée, sent ses joues se colorer du plus vif incarnat, la surprise lui ôte la parole, Gustave s'avance près d'elle, lui saisit la main et la presse avec ivresse en fixant ses yeux sur ceux de sa jeune amie.

— Léontine, ne me reconnaissez-vous pas.

— Si ! si ! Monsieur, mais ma surprise est si grande de vous revoir après une si longue absence.

— Ah! Léontine, ignorez-vous que je suis banni de chez Délia, elle protège cet Edmond et me chasse pour lui, hélas! si vous saviez combien je souffre depuis que je suis séparé de vous et combien je rends grâce au moment qui nous réunit.

— Il sera court, monsieur Gustave, car je dois vous quitter de suite, mon tuteur est très souffrant et réclame de suite ma présence.

— Ah! Léontine, j'ambitionnerais son mal s'il pouvait vous rapprocher de moi, mais ne me quittez pas, je vous en conjure, permettez à votre ami de vous accompagner, auriez-vous la cruauté de me fuir sitôt.

—Il le faut, le devoir me l'ordonne; je suis coupable même en ce moment de m'arrêter près de vous.

— Léontine, ma voiture me suit, permettez que je vous l'offre afin de vous éviter ce long trajet.

— Oh! non merci, Monsieur, je n'ai pas encore oublié le tems où je le franchissais deux fois en un jour

— Ainsi donc, Léontine, vous me quittez, vous refusez mes offres, ma présence, pour un moment qui me serait si précieux. Ah! Léontine, vous me désespérez.

En ce moment la voiture de Gustave venait de l'atteindre et s'arrêta près d'eux. Léontine vaincue par les supplications, les prières du jeune homme, consentit à monter dans l'équipage, Gustave se plaça près d'elle, le cocher fouetta aussitôt les chevaux qui partirent au grand galop.

Depuis plus d'une demi-heure la voiture roulait avec une étonnante rapidité, Gustave s'était emparé de l'esprit et de toutes les facultés de Léontine; sermens, promesses de fidélité, espoir d'union, tout était promis à la jeune fille.

Malgré l'espèce de charme dont ce serpent enveloppait sa proie, Lèontine fut frappée du tems qui s'écoulait à faire la route, et afin de connaître en quel endroit ils sont, elle lève le storre que Gustave avait fermé; mais quelle surprise est celle de la jeune fille? la voiture ne la conduit pas chez son tuteur, elle est hors de Paris et roule avec vitesse sur une grande route.

—Dieu s'écrie-t-elle, où sommes-nous! où me conduisez-vous, Gustave, nous ne sommes plus dans la ville. Ignorez-vous que mes momens sont précieux, que mon tuteur m'attend et vous m'éloignez de lui quand il souffre, qu'il me désire.

— Calmez vous, Léontine, et pardonnez à ma ruse; non, votre tuteur n'est point souffrant et ne vous réclame pas, c'est moi, moi éloigné de vous depuis un siècle qui voulais vous voir, vous parler, vous entendre. Pardonnez à mon coupable expédient cet homme vous fut envoyé par moi, grâce, Léontine, pour l'amour qui m'a rendu coupable d'abuser de votre confiance, de votre sensibilité.

—Ah! c'est affreux, Monsieur, je ne vous pardonnerai jamais ; laissez, laissez-moi descendre; faite arrêter vos chevaux, vous ne m'écoutez pas, Gustave, je vous en conjure, ne me perdez pas, que pensera-t-on de mon absence, Gustave, je vous en supplie n'abusez point de ma faiblesse, de ma confiance.

Gustave loin de se rendre aux prières aux larmes de Léontine, cherche à couvrir sa voix et veut l'appaiser par mille paroles plus tendres les unes que les autres.

Mais la voiture vient de détourner;

reprendrait-elle la route de Paris? Non, elle entre dans la cour d'une maison, la porte se ferme derrière elle, Gustave ouvre la portière, saisit Léontine évanouie dans ses bras, l'emporte et monte la déposer dans une chambre situé au premier étage de la maison.

La voiture a de suite quitté ces lieux; plus de bruit, tout annonce qu'ils sont actuellement les seuls êtres vivans dans cette demeure des champs.

La pièce où sont enfermés Gustave et Léontine n'est éclairée que faiblement par la lueur d'une lampe suspendue au plafond; tout dans ce lieu respire le mystère et la volupté, la faible clarté qui règne permet cependant d'entrevoir le luxe qui se déploie dans ce charmant séjour, les sophas moëlleux, les tentures, les riches tapis, les bronzes d'un meilleur choix, ornent cette demeure. Mais le plus bel ornement, le plus intéressant qu'elle recèle en cet instant, c'est la pauvre Léontine, sans connaissance, privée de sentiment; elle repose sur un des divans, Gustave est près d'elle, il la presse sur son cœur, couvre sa tête des plus brûlans baisers, cherche par ses caresses à ramener la jeune fille, un soupir vient de s'échapper de son sein, il le recueille sur sa bouche, il admire la beauté parfaite qu'il tient dans ses bras. Il est enfin maître de tant de charmes, de la femme pour laquelle il sacrifie depuis un mois une foule de conquêtes toutes divines.

Gustave dans son ivresse, dans son transport dévorant, soulève la tête de Léontine, la presse contre son sein, la couvre de baisers, les feux brûlâns de ses caresses rappellent la jeune fille à la vie, ses beaux yeux se promènent autour d'elle avec égarement, ses sens, ses souvenirs, ses pensées renaissent, ses regards rencontrent ceux que lui lancent les yeux de Gustave ; Léontine effrayée de leur expression, cherche à échapper des bras qui l'enchaînent, c'est envain les liens la ressèrent avec plus de force, elle veut parler, supplier, ses lèvres sont comprimées par celles de l'audacieux Gustave, les regards, les mains de Léontine supplient en vain, des larmes mêmes sont inutiles, Gustave est heureux, si c'est mériter de l'être, de consommer par la violence et la ruse le déshonneur d'une faible fille..... Léontine pâle, tremblante, les yeux mouillés par d'abondantes larmes, la vue fixée sur la terre, repousse avec effroi, avec horreur, celui qui implore son pardon à ses pieds, celui qui lui jure un amour éternel.

Long-tems la jeune fille fut inexorable, long-tems l'amant suborneur implora son pardon, les reproches, les sermens se croisèrent, enfin comme une femme doit pardonner et pardonne toujours au séducteur qui sut plaire; Léontine se laissa fléchir, la douceur reprit son empire dans ses doux regards, l'amant passionné profita de cette faiblesse et énivra sa maîtresse par de nouvelles caresses; car il ne trouva plus ni obstacle, ni résistance à ses désirs.

VI.

Pendant les derniers évènemens que l'on vient de lire, monsieur Bonnard, un soir, se trouvant incommodé de sa goutte, s'était mis au lit et avait laissé à Annette la liberté de se retirer de bonne heure dans sa chambre.

La jeune fille y était enfermée depuis une heure environ et s'occupait à divers ouvrages de fantaisie, qu'elle abandonnait de tems à autre pour jeter des regards douloureux qu'elle accompagnait de soupirs, sur le même portrait au crayon que Léontine avait vu quelques tems avant et qui lui avait paru arrosé par des larmes.

Les yeux d'Annette en contemplant les beaux traits de cette tête, prenaient un expression pénible d'amour et de regret, elle détourna sa vue du portrait pour ouvrir le tiroir d'une petite table sur laquelle elle travaillait, et en sortit plusieurs lettres qu'elle ouvrit tour-à-tour à plusieurs reprises; une d'elles surtout, semblait exciter sa sensibilité au dernier point, car en la parcourant, ses pleurs coulaient en telle abondance qu'elle fut forcée d'interrompre sa lecture et de cacher ses beaux yeux dans ses deux mains.

Pendant quelques instans Annette resta abîmée dans sa douleur et dans ses réflexions; ses larmes, loin de cesser se faisaient passage à travers ses doigts, lorsque sa vive douleur fut interrompue par un coup frappé à sa porte. Annette doutait si elle devait ouvrir dans l'état où elle se trouvait, lorsqu'un second coup la fit sortir de son indécision. Elle essuya ses larmes avec empressement puis après avoir éloigné sa lumière le plus possible afin de dissimuler la rougeur de ses yeux, elle courut ouvrir. Que voit-elle? monsieur Dermance, le jeune homme entre avec vivacité, ferme la porte sur lui et va tomber aux pieds d'Annette que sa présence inattendue avait fait reculer de surprise et de crainte.

— Oh! Dieu s'écrie-t-elle effrayée, que voulez-vous, Monsieur, qui peut vous amener en ces lieux? fuyez, retirez-vous, si quelqu'un vous voyait à cette heure enfermé avec moi.

— Ce que je viens faire cruelle? ne le sais-tu pas, as-tu pensé que je pourrais vivre sans toi, que je renoncerais au bonheur, au charme de te posséder; non, Annette, non, plutôt la mort, je viens réclamer ton amour, te consacrer ma vie, mon existence entière, jurer à tes pieds de n'avoir jamais d'autre amante, d'autre épouse que toi; désormais naissance, fortune, rang dans le monde, ne sont plus rien pour moi, toi, toi seule Annette, doit me tenir lieu de tout.

— Que dites-vous, insensé, oubliez vous les droits, les vœux de votre mère; ne vous destine-t-elle pas une épouse de son choix, ne rejetterait-elle point comme une honte, une tache ineffaçable, une alliance avec une fille telle que moi; non, non, Monsieur Dermance, trop de distance nous sépare; nous ne sommes pas destinés l'un pour l'autre, renoncez à votre résolution... Oui, oubliez moi, et ne compromettez point ma réputation, mon honneur, le seul bien que je possède, par un plus long séjour dans ce lieu.

— Ne l'espère pas, Annette, rien ne peut changer ma résolution, mon amour pour toi, que m'importe que ma présence soit mal interprétée; si l'on me surprenait ici, ne serais-tu pas pour moi la vertueuse, la pure Annette, l'objet de mon choix, le seul bien que j'envie sur la terre, mon épouse, car enfin Annette, tu as beau vouloir me résister, j'abandonne tout pour toi, plus de famille, rien, rien que ta possession! Hélas! tu veux que je m'éloigne, que je me prive de ta présence, tu ne sais donc pas tout ce que j'ai souffert depuis que ta bouche sévère a dicté mon exil? les jours, les nuits ont été pour mon cœur des siècles de tourmens, si le sommeil venait un moment s'appesantir sur ma paupière, des songes affreux venaient augmenter mes souffrances, je te voyais dans les bras d'un rival, rire de mes maux, de mon délire, me reprocher le nom, les titres, qui m'éloignaient de toi. Maintenant, Annette, je les méprise, je ne crains plus de blesser le sot orgueil d'une famille, ce n'est plus le titre honteux de maîtresse que je viens déposer à tes pieds, c'est celui d'épouse, celui que mon cœur te destine désormais.

Annette ne répond pas, pâle, tremblante, elle n'a plus de force pour entr'ouvrir ses lèvres, son cœur bat avec violence, sa tête tombe malgré elle sur l'épaule de Dermance, le tendre amant la presse sur son sein, contemple avec ivresse les traits angéliques de son amie, ses larmes se mêlent à celle qu'elle verse en ce moment, quel doux silence! comme il est expressif, des soupirs, des baisers en troublent quelquefois l'existence, mais il cesse.

Annette a repris ses sens, sa bouche, murmure de douces paroles, les mots, je t'aime ; ceux d'amour, de fidélité, d'épouse chérie, s'échapent de celle de Dermance. Ah ! que son cœur avait besoin d'un aussi doux instant, combien le charme s'en augmente encore, lorsqu'en levant les yeux ; son regard se repose par hasard sur le portrait qui, avant son arrivée, attirait ceux de la jolie fille, Dermance se reconnaît, c'est lui, lui-même, que, cherchant à calmer les tourmens de l'absence, Annette a voulu retracer à ses yeux.

Annette a surpris le regard de Dermance, elle rougit; confuse, sa vue se baisse sur la terre, Dermance est à ses genoux, il baise avec transport la main qui a tracé son portrait, il si doux pour un tendre amant de surprendre le secret de celle qu'il adore, surtout lorsqu'il a la preuve irrévocable que son amour est partagé.

Heureuse sympathie, lui aussi s'est plu à retracer les charmes qu'il idolâtre, car son agenda vient de s'ouvrir, Annette reconnaît son image, oui, c'est d'elle dont le pinceau de Dermance a peint les attraits enchanteurs.

— Hélas! dit Annette, Dermance, combien vous me rendez coupable! combien ma faiblesse me prépare de peines, et comment se terminera cette folle passion.

— Par le don de ta main, chère Annette, par l'accomplissement de mes plus vifs désirs.

— Ah! Dermance, ce bonheur m'est-il réservé? que j'envie le sort de ma sœur, elle est heureuse, au moins, mon ami, son Edmond, obtiendra sa main, la fortune, les titres ne seront pas un obstacle à leur union; moi, Dermance, j'aurais en mariage le mépris de votre famille. Léontine en s'unissant à celui qu'elle aime, ne fera qu'augmenter le nombre de ceux qui l'aiment.

— Que tu es cruelle, Annette, et que tu déchires mon cœur impitoyablement, que parles-tu de ma famille, que t'importe son amour ou sa haine, si ton époux bénit le jour qui t'aura uni à lui; Annette, cher objet de mon existence, calme tes craintes, tes vains scrupules, ma mère pourra-t-elle résister à tes vertus, à ta douceur, non, crois-moi, elle t'accordera sa tendresse, elle te chérira, tu deviendras sa compagne, sa fille, l'objét de sa plus tendre affection.

— Mais, Dermance, combien de

tems doit encore s'écouler avant que je devienne ta compagne?

— Annette, si j'écoutais le brûlant amour dont tu as embrasé mon être, si j'écoutais mon cœur, mes désirs, demain tu serais ma femme, mais les lois m'ordonnent d'attendre, le respect exige que je consulte ma mère, que j'emploie tous les moyens d'obtenir son consentement, si elle refuse... ah! je ne crois pas qu'elle résiste au bonheur, aux vœux de son fils, mais enfin si cet orgueil de la naissance, si, son ambition préférait me sacrifier, alors je secouerais ce joug odieux, le pouvoir que la nature lui a confié sur moi, et dont l'âge permet de m'affranchir.

— Arrêtez, Dermance, vous me

désolez, et c'est moi, moi, qui serais la cause qu'un fils se révolterait contre l'autorité maternelle, oh! non, je ne dois pas être un sujet de discorde, entre une mère et son fils, Dermance, je vous le proteste, si votre mère s'oppose à notre union, je préfère renoncer au monde, à vous, vous que j'aime cependant de toute la force de mon âme, un couvent, un couvent! ah! malheureuse qu'allais-je dire, et mon vieux père, mon ami, qui donc alors prendrait soin de sa vieillesse, de guider ses pas chancelans.

Dermance! Dermance, je vous en supplie, il faudra m'oublier, ne plus me revoir, me laisser terminer en paix la tâche de reconnaissance que le ciel m'impose envers le bienfaiteur de notre enfance, ensuite l'univers ne sera plus rien pour moi.

— Je t'écoute et t'admire, ange de bonté, de vertu, pour que l'on mît obstacle au bonheur de ta possession, il faudrait être insensible comme l'airain, avoir sa dureté, mais alors il faudrait que je fusse fou, ou ambitieux, pour ne point briser cette barrière ; non, Annette, nos craintes sont chimériques, dès demain je la déclare à ma mère, je remplis de suite, n'importe sa réponse, les formalités d'usage et te conduis à l'autel.

— Ah! ne m'objecte plus rien, tes scrupules, tes craintes, tes projets ne font qu'accroître mes désirs. Demain je viendrai visiter ton tuteur, me faire connaître à lui, demander, implorer, s'il le faut, son consentement, adieu, Annette, adieu! je te quitte et vais travailler avec ardeur à notre réunion.

C'est en vain qu'Annette chercha de nouveau à calmer la fougue de Dermance, il s'éloigna après avoir recueilli sur les lèvres de la jolie fille un surcroit de délire et de persévérance dans ses desseins.

Dermance, de retour à l'hôtel de sa mère, trouva une nombreuse réunion dans les salons, tout ce soir-là annonçait une fête brillante, que donnait Madame Dermance en l'honneur de la présentation de son gendre. Les danses, les parties de jeux étaient en train, lorsque notre jeune homme rentra, l'état d'agitation dans lequel il se trouvait, lui faisait désirer de se dispenser de paraître à un bal qui cachait en sus du motif ci-dessus celui de lui faire connaître la jeune personne que sa mère lui destinait, mais impossible de s'en exempter, sans blesser les convenances, notre jeune homme se rendit à son appartement afin de calmer un moment son esprit agité; et fit ensuite son entrée au salon.

— Que tu as tardé, mon ami, il me semble qu'une soirée comme celle-ci réclamait ta présence tout entière; viens, je vais te présenter à messieurs Darmentier : les deux frères et le fils t'ont déjà demandé plusieurs fois.

Madame Dermauce conduisit son fils près du frère et de l'oncle de son futur gendre; ces messieurs échangèrent les complimens et les salutations d'usage, ensuite, Gustave, après la danse, vint saluer son prétendu beau-frère qu'il voyait pour la pren ière fois; les deux jeunes gens s'accueillirent avec cordialité, et bientôt il s'établit entre eux une aimable familiarité que Gustave provoqua par une prompte entrée en connaissance.

Madame Dermance vint engager son fils de faire sa cour à une jeune personne qu'elle lui indiqua parmi le groupe des plus jolies de celles qui ornaient la fète, en lui recommandant de ne rien négliger pour s'en faire agréablement remarquer.

Dermance devina l'intention de sa mère, et reconnut dans la jeune personne qu'elle lui indiquait; la fille du feu duc de ***, le jeune homme consentit à satisfaire madame Dermance, mais pas entièrement comme elle l'entendait, il fut poli, galant auprès de la jolie femme, comme il le fut auprès des jeunes demoiselles qui l'entouraient; mais il n'affecta aucunement d'avoir pour elle plus d'égards que pour les autres.

— Et bien, mon fils, dit madame Dermance le lendemain du bal, que pensez-vous de la jeune personne que l'on consent à vous accorder.

— Elle est belle, ma mère, paraît aimable, spirituelle, et digne de faire le bonheur de l'époux qui la possédera.

— C'est à vous, mon fils, qu'est destiné ce bonheur, en sus de ses qualités morales et physiques, elle possède une grande fortune, des espérances superbes, un nom distingué; étant issue d'une des premières familles de France, c'est moi, c'est ma tendresse pour mon fils qui m'a engagée à tout entreprendre pour vous faire obtenir la préférence sur les nombreux prétendans qui aspiraient à sa main, vous l'avez emporté sur tous, et votre mariage avec elle est arrêté, ne doutant nullement de votre adhésion; j'ai donné votre parole, et sa maison vous est ouverte; vous pouvez vous y présenter chaque jour, étant désormais regardé comme son prétendu.

Dermance, en écoutant sa mère, sentait son cœur se déchirer, il l'aimait, avait sans cesse reçu de sa tendresse les témoignages les plus doux ; et dans ce moment il se voyait contraint de déchirer son âme, de contrarier de ses vœux les plus ardens, l'ouvrage de sa sollicitude pour lui, par une résistance à ses désirs.

Lorsque Madame Dermance eut fini de parler, il lui prit la main avec respect et la portant à sa bouche, l'arrosa de larmes. Dermance voulait répondre, mais l'oppression, le trouble qu'il éprouvait en ce moment lui en ôtaient la possibilité.

Madame Dermance inquiète de l'émotion qu'éprouvait son fils et l'attribuant à l'excès de la reconnaissance, l'engagea de se remettre, et à différer ses remercîmens, prétendant qu'une mère qui travaille au sort, au bonheur de son enfant ne remplit que la tâche que la nature lui a imposée, et qu'elle est assez récompensée lorsqu'elle a pu parvenir à son but honorablement.

— Ah ! ma mère, ma tendre mère, que je suis coupable et indigne de votre sollicitude, de tout ce que vous daignez faire pour moi, oui je dois parler, je dois vous ouvrir mon cœur et implorer à vos genoux le pardon de mon ingratitude.

—Que voulez-vous dire, Dermance? relevez-vous et parlez.

— Hélas! Madame, voyez à vos pieds un fils ingrat, rebelle à vos volontés, j'aime ma mère, que dis-je j'aime, j'idolâtre avec fureur une autre femme que celle que vous m'avez choisie.

— Est-il, possible ! Dermance, expliquez-vous qu'elle est cette personne.

— Un assemblage de vertus, de beauté, un ange de douceur.

Son nom? son rang? s'écrie avec impatience madame Dermance.

— Hélas, répond son fils, je n'ose vous la nommer encore.

— Vous n'osez la nommer! je pense pourtant que mon fils ne doit point avoir placé ses sentimens assez bas, pour qu'il soit forcé de taire le nom de celle qui les possède, je présume qu'elle est noble, que sa fortune doit au moins égaler la nôtre.

— Si vous exigez ces deux dernières qualités que l'on ne doit souvent qu'au hasard, celle que mon cœur préfère est noble, non par sa naissance, mais par sa belle ame, par les précieuses qualités qu'elle renferme, par une vertu aussi pure que le ciel sans nuages, voilà ma mère ses titres et sa seule fortune.

— Alors, Monsieur, pour des qualités fort estimables sans doute, mais que vous trouverez dans celle que je vous destine, vous refuseriez la haute alliance que je vous propose.

— Oui, ma mère, je suis bien coupable ; bien malheureux de vous désobéir, mais rien ne pourra me forcer d'être à une autre que celle que j'aime et à laquelle j'ai juré un amour éternel.

— Ainsi donc, vous trompez mes espérances, vous renoncez à votre mère, à votre famille pour satisfaire une folle passion, je ne vous demanderai pas le nom de la femme assez indigne pour avoir exigé de vous un pareil serment, pour s'être emparée de votre raison, mais je vous signifie mon fils que si vous vous mésalliez de ne jamais vous présenter devant moi, sortez et pensez, demain, j'attends votre décision.

— J'obéis, ma mère, et me retire, mais croyez qu'il m'est impossible de changer ma résolution.

Lorsque Dermance se fut retiré, sa mère se livra tout entière à son indignation, après avoir exhalé son transport, elle fit mettre les chevaux à sa voiture et se rendit chez M. Jules Darmentier.

L'homme pieux donnait un grand déjeûner aux membres de la paroisse dont il était un des marguillers; une douzaine de gros et gras convives au teint frais et vermeil entouraient une table chargée de mets rares et délicats et couverte d'une ample quantité de bouteilles, ces messieurs mangeaient et sablaient à ravir lorsque les bons mots, et la gaîté furent interrompus par le domestique qui vint annoncer la visite de la dame.

— Pourquoi avez-vous dit que j'y étais? vous savez que je n'aime pas à être dérangé lorsque je suis en société.

—Monsieur, je ne pouvais faire autrement. Lorsqu'on a sonné, Monsieur le vicaire chantait à plein gosier et sa grosse voix qui s'entend d'ici dans la cour prouvait qu'il y avait du monde; cette dame ne m'aurait pas cru si j'avais dit le con-

— C'est une femme ?

— Oui, Monsieur.

—Sans doute quelque mendiante? dites-lui qu'elle ne doit rien espérer, que nous avons distribué tous les secours pour cette année, qu'elle revienne dans cinq mois.

— Est-elle jolie? demande d'un ton paillard le second vicaire.

— Monsieur le vicaire, je ne sais pas, je ne regarde jamais les femmes.

— Ah! vilain sournois, tu mens, car l'autre jour à la paroisse tu serrais de près une jeune poulette, va, tu as raison, vive les femmes!

— Et le bon vin, s'écrie un petit éminariste en bésicles, en levant son verre et provoquant le toast.

— Monsieur, il faut donc dire à cette dame qu'elle remonte dans son équipage?

— Comment? maraud, est-ce que c'est une personne à voiture?

— Oui, Monsieur.

— Ah! que ne le disais-tu, imbécile.

— Dam, Monsieur, vous ne me le demandiez pas.

— Pardon, messieurs, je vais voir

qui cela peut être, et je reviens aussitôt.

—Quoi ! c'est madame Dermance, pardon, mille fois pardon, j'ignorais, en vous faisant attendre qu'une dame aussi distinguée daignât visiter son serviteur; quelle heureuse occasion me procure cet avantage?

— Mon digne ami, vous voyez une femme désespérée.

— En vérité, hélas ! le ciel retirerait-il sa grâce à sa plus fidèle brebis! quel malheur viendrait frapper votre sainte personne?

— Un malheur affreux, qui détruit toutes mes espérances !

—Le Dieu puissant vous retirerait-il les biens de ce monde, votre fortune?

—Non, non, la fortune, pour l'embarras qu'elle me donne, j'en ai peut-être plus que je n'en puis diriger.

— Sainte femme!!! digne amie!!! elle méprise les trésors de la terre, ah! oui, comme moi, les biens du Très-Haut sont les seuls qu'elle ambitionne, mais parlez, Madame, daignez me confier.....

—Vous savez, mon cher Monsieur Jules, le riche et brillant parti que je ménageais à mon fils, eh bien! il le refuse.

— Pas possible !

— Oui mon ami, et pour qui ? pour une fille sans naissance, sans biens, qu'il dit aimer à en perdre raison ; rien ne paraît pouvoir changer la résolution qu'il a prise de l'épouser; je viens à vous dans cet embarras extrême, demander vos sages conseils, vos avis et réclamer votre secours pour m'aider à ramener mon fils à mes volontés.

— Espérons que Dieu nous prêtera sa voix pour faire rentrer dans le sentier de la soumission cet enfant rebelle à l'autorité maternelle.

— Je vous attends demain, mon digne ami, venez de bon matin, vous entendrez mon fils, nous saurons s'il se rendra à mes volontés; vous me seconderez, dans le cas contraire, pour le ramener à la raison. Ah! mon cher Jules, j'ai tant de confiance en vous, que je compte sur le succès, du moment que vous daignerez faire entendre à mon fils le langage persuasif de votre sagesse.

—Vous avez, Madame, infiniment trop de confiance dans mes faibles secours; cependant, je ferai tout pour vous satisfaire: Dermance reviendra à la raison, il finira par apprécier ce qu'il dédaigne en ce moment.

—Le croyez-vous, Monsieur Jules? il paraît pourtant fort épris de cette fille.

— La connaissez-vous? votre fils vous a t-il dit son nom? ce qu'elle est?

— Non, je le lui ai défendu; j'étais tellement indignée, que je n'ai pas eu le courage de l'interroger.

— Vous avez eu tort, chère dame, il faut au contraire connaître cette fille; alors, en cas de résistance de la part de Dermance, il vous sera facile de vous rendre près d'elle, de l'éloigner par l'appât d'une somme quelconque, où par les menaces. En tout cas, j'ai assez de crédit pour, si elle nous résistait, la faire renfermer dans quelque maison, une roturière, une fille sans naissance, rien de plus aisé à s'en débarrasser; ainsi donc, calmez vos craintes, une fois l'objet disparu, votre fils oubliera cette folle passion, qui n'est autre que le caprice d'un moment.

— Allons, vous ranimez mon courage; je place en vous toutes mes espérances et vous quitte dans l'espoir que demain, je vous reverrai; pardon si je vous ai arraché à votre société, car quelques accens joyeux m'ont fait présumer que vous étiez en partie de plaisir.

— En plaisir, chère dame; oui, en effet, mais si j'en éprouve en ce jour, c'est en faveur des malheureux. Car à l'avenir, je vais pouvoir faire pour eux davantage. Oui, Madame, sachez que notre pieux monarque a daigné hier m'accorder une pension sur sa cassette, et je regarde ce don de sa générosité, comme un dépôt qui m'est confié pour être distribué aux infortunés.

— Ah! vous êtes le modèle des hommes vertueux! et combien chaque jour je me félicite de l'alliance qui va se contracter entre nos deux familles. Mais dites-moi à quelle époque fixons-nous cet heureux jour?

— C'est à vous, Madame, à le fixer et à rapprocher le plus possible ce moment qui comblera les désirs impatiens de Gustave.

— Demain nous en parlerons, car je vais de ce pas chez mon homme d'affaires. Je l'ai chargé de réunir la dot de ma fille et je pense qu'il doit être en mesure. Alors, rien ne s'opposera plus à l'union de nos enfans.

Le lendemain, M. Jules Darmentier fut de parole et se rendit chez Madame Dermance comme il l'avait promis ; aussitôt son arrivée, cette dame fit demander son fils ; Dermance se présenta à l'invitation de sa mère. La présence de notre saint homme parut le contrarier ; cependant il prit, un siége, se plaça près de sa mère et attendit en silence qu'elle lui apprît ce qu'elle désirait de lui.

— Mon fils, lui dit-elle, nous pouvons parler de nos affaires de famille devant Monsieur Jules, notre ami, pour lequel nous ne devons pas avoir de secret, car je lui ai fait counaître notre entretien d'hier, la raison qui vous rendait rebelle aux désirs de votre mère, à ce qu'elle veut faire pour le bonheur, l'avenir d'un fils chéri. j'ai donc cru nécessaire de m'adjoindre un ami sage, afin qu'il m'aidât de ses conseils, de ses lumières pour dissiper votre fol entêtement et combattre une passion indigne de votre rang.

Dermance rougit en entendant ces mots et lança sur le saint homme un regard d'incrédulité ; puis, il répondit que sa volonté de la veille était et serait toujours la même.

— Alors vous, persévérez dans votre refus ; mon fils ?

— Oui, Madame, et plus que jamais, je vous aime, vous respecte et voudrais faire tout au monde pour vous le prouver; mais renoncer à celle que j'aime, est au-dessus de mes forces, cela est impossible.

— Mon jeune ami, dit Jules Darmentier, est-il possible qu'un amour terrestre se soit emparé de votre âme au point de vous rendre sourd aux désirs d'une mère? le ciel.....

—Le ciel, Monsieur, punit ceux qui par ambition ou par orgueil foulent aux pieds les tendres sentimens qu'ils placent dans leurs cœurs; je vous estime, Monsieur, et recevrai vos conseils et vos sages avis avec reconnaissance, mais dans toute autre circonstance que celle-ci; je souffre beaucoup de mécontenter ma bonne mère, de refuser de combler ses vœux; mais rien au monde, je le répète encore, ne me fera changer, et il est de toute inutilité de l'entreprendre à l'avenir; celle que j'aime sera mon épouse, j'en ai fait le serment devant Dieu, vous si pieux, Monsieur, vous devez concevoir que je ne puis l'enfreindre, et que vous même feriez un crime en m'y engageant; ainsi, désormais, votre religion doit vous contraindre à rester neutre dans cette querelle de famille.

Jules Darmentier baissa le nez après ces paroles, et n'osant plus combattre le jeune homme, laissa à Madame Dermance le soin de se défendre.

—Enfin, reprit cette dernière avec colère en s'adressant à son fils, quelle est donc cette femme, dont les vertus, les charmes enfantent de tels miracles de fidélité.

— Vous la connaissez, Madame, et vous-même l'honorez de votre estime et vous plaignez de son absence.

—Je ne vous comprends pas, mon fils, et cherche en vain qui cela peut-être; nommez-la, vous le pouvez, je vous ai dit que Monsieur n'était pas de trop ici.

— C'est Annette, ma mère, cette fille charmante dont les talens ont mérité vos éloges.

— Quoi! une maîtresse de dessin, une fille dont on ignore la naissance; quelle infamie! et vous demander mon consentement pour un pareil hymen qui couvrirait notre famille de honte; mon fils, si vous osez commettre une telle bassesse ne vous représentez jamais devant mes yeux.

Dermance, au désespoir de la rigueur de sa mère, employa tous les moyens de la fléchir ; ce fut vainement qu'il tomba à ses genoux, qu'il arrosa ses mains de larmes; ses prières, ses supplications furent inutiles; il s'éloigna en sanglottant et courut s'enfermer chez lui afin de pouvoir, sans témoin, se livrer à sa douleur extrême.

Après son départ, Madame Dermance demeura quelques instans sans pouvoir prononcer une seule parole tant la colère et l'émotion s'étaient emparées de ses sens; son cœur avait été un moment peiné à la vue des larmes de son fils ; mais l'idée d'une alliance aussi déplacée que celle que voulait contracter Dermance, rappela toute son indignation, et son orgueil triompha de sa tendresse maternelle. Jules imitait son silence et paraissait occupé de quelques pensées sérieuses et importantes.

— Eh ! bien, monsieur Jules, quel moyen employer?

— Hélas ! Madame, je l'ignore moi-même, et ne puis plus intercéder auprès de votre fils. Cette observation de sa part était juste ; il a juré à Dieu de tenir ses sermens, vouloir l'en détourner serait commettre un péché mortel.

—Alors, vous m'abandonnez dans ce moment pénible; je ne dois plus rien attendre de vos conseils?

— Malgré ma répugnance à me mêler désormais de cette discussion, l'amitié qui m'attache à votre noble personne m'engage à chercher le moyen de vous être utile, en vous rappelant ce qu'hier je vous disais au sujet de cette fille. Ne cherchons plus à détourner votre fils de sa passion ; les obstacles ne font qu'irriter les désirs, mais en éloignant l'objet qui les fit naître, alors l'absence éteindra son amour insensé; ensuite, il vous reviendra soumis et honteux de sa faiblesse.

— Oui, oui, je vous approuve, c'est le seul moyen, mon cher ami; je vous en supplie, rendez-moi cet important service, voyez cette Annette, parlez-lui en mon nom, dites-lui que si elle parvient à éloigner mon fils, à le fuir, à renoncer à son projet de l'épouser, que je la dote et me charge de l'établir. Enfin, mon cher Jules, promettez, accordez tout, pourvu qu'elle consente à s'éloigner de Paris.

— Oui, mais si elle résistait?

— Alors je tenterais encore une démarche près de Dermance.

— Et vous échouerez, Madame; mais comme le ciel vous a donné en moi un ami dévoué, je saurai vous éviter cette démarche vaine, en employant mon crédit près de la sage police qui veille pour nos intérêts, afin de faire renfermer dans un lieu sûr, la créature assez effrontée pour oser, par ses intrigues, porter le trouble dans une famille respectable.

— N'employons ces moyens violens qu'à la dernière extrémité, car cette jeune fille sut autrefois gagner mon estime par les qualités que j'admirais en elle, par sa douceur; qu'elle renonce à mon fils et je lui pardonnerai tout.

Monsieur Jules Darmentier, après avoir de nouveau assuré madame Dermance de son zèle, quitta cette me en lui promettant de remplir la démarche qu'elle exigeait de son dévouement à sa personne.

— Non, se dit-il, à peine sorti de la maison, je ne serai point assez sot pour faire moi-même cette démarche qui m'attirerait la haine du fils, lorsqu'il l'apprendrait de la petite. Ignace Phliton doit encore me servir dans cette occasion, je le mettrai au courant de l'affaire et lui-même fera la visite sans que mon nom soit prononcé, de sorte que Dermance ignorera quel est celui qui seconde sa mère pour le séparer de sa maîtresse.

Jules Darmentier, rentré chez lui, envoya son domestique chercher Ignace Phliton; cet homme qui n'avait pas reparu chez lui depuis le jour de leur discussion, s'entendant demander par M. Darmentier, se douta que le saint personnage avait quelque projet ou commission délicate à lui faire exécuter. Alors comptant se bien faire payer ses services, il se rendit à l'invitation du saint homme.

FIN DU TOME DEUXIÈME.

IMPRIMERIE DE A. BARBIER.

www.ingramcontent.com/pod-product-compliance
Lightning Source LLC
LaVergne TN
LVHW010600110826
845149LV00003B/714

* 9 7 8 2 0 1 1 8 6 5 5 3 3 *